汽车电气设备构造与检修（书证融通版）

主　编　盛国超　徐腾达
副主编　张晓丽　孙丽丽　丁　丽
参　编　程阿丽　蔡发敬　袁　振
主　审　杨正荣

机械工业出版社

本书是汽车运用与维修（含智能新能源汽车）职业技能等级证书制度"岗课赛证"融通教材，是汽车类专业"校企合作"精品教材，同时也是"互联网+"创新教材。本书包括理论知识和视频操作教学两部分。紧密结合当前汽车产业的发展和需求，首先强调了本课程实践操作的安全要求，然后分别介绍安全工作、汽车电气系统基础知识、汽车电源系统和起动系统、汽车仪表系统和照明系统、汽车空调系统、汽车辅助电器系统，共6个项目。

本书内容新颖、知识面广、重难点突出、彩色印刷、图片清晰美观，借助"互联网+"及信息技术，使教材内容呈现立体化、可视化、数字化，能够满足"人人皆学、处处能学、时时可学"的学习创新空间，为学习者提供"能学、助教、助训、助考"的课程资源。

本书可作为职业院校汽车类专业的教学用书，也可作为汽车专业领域"1+X"教学和考证用书，还可作为企业技术培训资料和汽车爱好者的科普读物。

为方便教学，本书配有电子课件、电子教案、工单答案等资源。凡选用本书作为授课教材的教师均可登录 www.cmpedu.com，以教师身份注册后免费下载。或咨询相关编辑，编辑电话：010-88379201。

图书在版编目（CIP）数据

汽车电气设备构造与检修：书证融通版/盛国超，徐腾达主编.—北京：机械工业出版社，2021.10（2023.1重印）
ISBN 978-7-111-69374-1

Ⅰ.①汽… Ⅱ.①盛…②徐… Ⅲ.①汽车—电气设备—构造—职业教育—教材②汽车—电气设备—车辆修理—职业教育—教材 Ⅳ.①U463.603②U472.41

中国版本图书馆CIP数据核字（2021）第206142号

机械工业出版社（北京市百万庄大街22号　邮政编码100037）
策划编辑：师　哲　　　责任编辑：师　哲
责任校对：肖　琳　张　薇　封面设计：张　静
责任印制：郜　敏
北京瑞禾彩色印刷有限公司印刷
2023年1月第1版第3次印刷
210mm×285mm·13.5印张·247千字
标准书号：ISBN 978-7-111-69374-1
定价：49.80元

电话服务　　　　　　　网络服务
客服电话：010-88361066　机　工　官　网：www.cmpbook.com
　　　　　010-88379833　机　工　官　博：weibo.com/cmp1952
　　　　　010-68326294　金　　书　　网：www.golden-book.com
封底无防伪标均为盗版　机工教育服务网：www.cmpedu.com

前 言

在新一轮科技革命和产业变革的影响下，产业升级和经济结构调整不断加快，"互联网+汽车"、新能源汽车、智能网联汽车等新业态的出现加速了汽车后市场的变革，面对新业态、新生态，与之相适应的汽车后市场人才极其匮乏，因此新时代汽车专业高素质技术技能人才的培养任重道远。本书有以下特色：

1. 落实立德树人根本目的

坚持以习近平新时代中国特色社会主义思想引领职业教育汽车类专业教材建设，提升教材的思想性、科学性、时代性。融入安全工作意识，同时介绍了工具设备的使用方法，发挥教材培根铸魂的作用。

2. 校企双元开发，"岗课赛证"融通设计

本书是汽车运用与维修（含智能新能源汽车）"1+X"证书制度"岗课赛证"融通教材，是汽车类专业"校企合作"精品教材。"1+X"证书的"书证融通"教材符合新时代职业教育要求，校企"双元"合作开发教材突出职业教育的特点。本书将汽车专业领域"1+X"证书制度相关职业技能标准和企业的新技术、新工艺、新规范纳入教学内容中，强化学生实习实训。本书的出版将有助于推动汽车产业人才培养，有利于拓展学生就业创业本领，缓解结构性就业矛盾。

3. 以学生为中心，注重适用性，突出职教特色

本书基于汽车机电维修人员实际工作过程，每个教学任务都是以任务目标、任务描述、知识储备、任务实施、总结及拓展训练、考核评价6个环节为主线形成"闭环教学"模式，结合理论知识进行实践操作训练，对应企业岗位能力需求，形成理实一体化的学习模式，并有配套的视频操作教学。

本书由盛国超、徐腾达担任主编，张晓丽、孙丽丽、丁丽担任副主编，其他参与编写的还有程阿丽、蔡发敬、袁振。全书由杨正荣主审。

本书在编写过程中得到了安徽风之星汽车股份有限公司、合肥新站广汽本田4S店等合作企业的大力支持与帮助，在此表示衷心的感谢。

由于编者水平有限，书中难免有疏漏之处，敬请广大读者批评指正。

编者

目 录

前言

二维码索引

项目一　安全工作 ··· 1
　　任务一　安全防护 ·· 1
　　任务二　汽车电气检修工具和设备的使用 ··· 8

项目二　汽车电气系统基础知识 ··· 18
　　任务一　汽车电气系统认知 ··· 18
　　任务二　汽车电气一般维修 ··· 21
　　任务三　汽车电路图识读 ·· 28

项目三　汽车电源系统和起动系统 ·· 38
　　任务一　蓄电池的检查与维护 ··· 38
　　任务二　充电系统的检查与维护 ·· 47
　　任务三　起动系统的检查与维护 ·· 56

项目四　汽车仪表系统和照明系统 ·· 66
　　任务一　汽车仪表系统的检查与拆装 ··· 66
　　任务二　汽车照明信号系统的检查与维护 ·· 74

项目五　汽车空调系统 ··· 86
　　任务一　汽车空调的使用与维护 ·· 86
　　任务二　制冷系统的检查与维护 ·· 94
　　任务三　暖风系统的检查与维护 ·· 113
　　任务四　空调过滤系统的检查与维护 ··· 121

项目六　汽车辅助电器系统 ·· 131
　　任务一　电动座椅系统的检查与维护 ··· 131
　　任务二　电动车窗系统的检查 ··· 137
　　任务三　刮水器系统的检查与维护 ·· 143
　　任务四　电动后视镜系统的检查与维护 ··· 149
　　任务五　中控门锁系统的检查与维护 ··· 154

参考文献 ··· 163

任务工单及考核评价

二维码索引

序号	名称	二维码	页码
1	安全防护		6
2	汽车电气检修工具和设备的使用		12
3	汽车电气一般检修		23
4	汽车电路识读		33
5	蓄电池的检查与维护		42
6	充电系统的检查与维护		52
7	起动系统的检查与维护		61
8	仪表系统的检查与拆装		70
9	照明信号系统的检查与维护		81
10	汽车空调的使用与维护		90
11	制冷系统的检查与维护		104

（续）

序号	名称	二维码	页码
12	暖风系统的检查与维护		119
13	空调过滤系统的检查与维护		126
14	电动座椅系统的检查与维护		135
15	电动车窗系统的检查		140
16	刮水器系统的检查与维护		146
17	电动后视镜系统的检查与维护		151
18	中控门锁系统的检查与维护		159

（续）

项目一 安全工作

 【项目描述】

本项目主要介绍在汽车电气课程作业时人员和车辆的正确防护，常用工具、仪器设备的使用方法，技能任务包括车辆的安全防护以及故障诊断仪的使用。通过本项目的学习，学生可以掌握汽车电气作业的安全知识以及工具设备的使用方法，提高了安全作业意识，培养了良好的操作习惯，并能完成汽车专业领域职业技能等级证书标准中工作安全与作业准备工作任务。

任务一 安全防护

 【任务目标】

1. 掌握汽车电气实训课程安全注意事项及要求。
2. 熟练掌握车辆维修前的防护方法。

 【任务描述】

安全意识是现代职业教育的重要组成部分，也是现代企业员工的重要素质之一。因此安全教育是职业院校必不可少的教学内容，师生必须对安全高度重视，明确安全第一，贯彻"预防为主、教育先行"的方针，努力把事故消除在萌芽状态。下面将学习汽车电气课程中有关安全的知识。

【知识储备】

一、车间安全检查

1. 设备维护情况检查

在教学实践环节中，教学设备是不可或缺的，正确地维护设备能保证教学的顺利进行，降低事故的发生率。汽车电气实训操作中常使用的大型设备有举升机、空气压缩机等。

举升机维护一般以每个学期为维护周期，维护的项目包括检查气管、油管、调整水平、机油及液压油的检查更换等。

空气压缩机维护一般以工作 500h 为维护周期，维护项目包括检查压力表，检查气罐，更换空滤、机滤、专用空压机油等，如图 1-1 和图 1-2 所示。

图 1-1　举升机维护记录单　　　　　　　图 1-2　空气压缩机维护记录单

2. 车间内消防栓检查

汽车实训车间中的设备及耗材很多是易燃易爆物品，在出现燃烧后需要及时扑灭明火，消防栓系统的配置尤为重要，如图 1-3 所示。

检查消防栓系统主要内容如下：

1）室内消防栓系统管网不应有漏水。

2）室内消防栓箱内配件（消防栓、水枪、水带、消防卷盘）齐全、完好。

3）消防栓应方便使用，不应被遮挡而影响使用。

4）出口处满足压力要求。

我们在检查中可使用压力表测试管网压力或连接水带做射水试验，检查管网压力是否正常。一般普通建筑消防栓系统充实水柱不得小于 7m。甲、乙类厂房、层数超过 6 层的公共建筑和层数超过 4 层的厂房（仓库）室内消防栓系统的充实水柱不得小于 10m。高层工业建筑、高架库房消防栓系

图 1-3　消防栓

统的充实水柱不得小于 13m。高层民用建筑高度在 100m 以下时，要求消防栓系统的充实水柱不得小于 7m，100m 以上时不得小于 15m。

5）消防水泵应能正常起动。消防栓系统的远程起动有两种方式：一是将消防栓泵的控制柜设置在自动状态，通过火灾报警控制设备的联动控制起动消防栓泵；二是将消防栓泵的控制柜设置在自动状态，按下消防栓箱内的启泵按钮启动消防栓泵。

6）稳压装置应满足要求。稳压装置的检查按如下方式进行：一是略微开启气压给水装置与系统连接的检修阀，观察气压给水装置的压力下降缓慢，如下降缓慢，说明气压罐运行正常。二是使气压给水装置的压力下降至下限，稳压泵应启泵；停止放水，压力应上升，压力达到上限时，稳压泵就停止。如上述动作正确，说明稳压装置能自动启、停。

3. 医疗柜内的医疗用品检查

为了保障电气实训场地人员安全，需要配置相关医疗用品。这些医疗用品放置在医疗柜中，如图 1-4 所示，医疗柜要求摆放位置合适不能有任何阻挡。

急救药箱药品必备清单				
序号	药品名称	数量	单位	备注
1	医用纱布	2	卷	
2	医用胶布	2	卷	
3	医用棉签	2	扎	
4	急救毯	2	个	
5	急救呼吸器	2	台	
6	医用酒精棉球	2	袋	
7	医用止血带	2	条	
8	止血贴	20	片	
9	云南白药	2	瓶	
10	烫伤膏	2	盒	
11	创可贴	40	片	
12	清凉油	2	盒	
13	红花油	2	盒	
14	碘伏	2	瓶	
15	保心丸	2	盒	
16	藿香正气水	2	盒	
17	医用酒精	2	瓶	
18	生理盐水	2	瓶	

图 1-4 配置医疗柜及药品清单

配置的医疗用品需要定期和不定期的检查，一般规定每个学期开始进行定期检查，每次使用后不定期检查，检查包括医疗用品的数量、日期、密封等，也要将实训中用量大的药品进行及时增加。

4. 安全通道检查

汽车实训车间的安全通道不同于一般商场的安全通道，应根据人员安全疏散路线的设计原则，在实训区域之间设置一条安全通道，如图1-5所示，供紧急情况下人员疏散使用。在发生火灾时，处于疏散距离过长区域中的人员，可先进入安全通道，再从安全通道疏散至室外；从楼上疏散至首层的人员能通过安全通道安全地疏散至室外，也可以通过安全指示牌快速进入安全通道。

二、实训上课的要求及注意事项

1）学生在进入车间上课前需按要求进行分组，上课预备铃响时，需按照小组在车间门口排好队，待指导老师确认后，方可带入指定场地。

2）学生进出上课场地上下楼梯时，需靠右依次通行。

图1-5 车间安全通道

3）进入上课现场后，各小组成员应按要求进行操作，保持上课场地的正常秩序，操作过程中不得随意走动、串岗、大声喧哗，以免影响教学秩序。

4）学生在车间上课时，必须严格遵守车间各项规章制度及安全注意事项。

5）在车间上课过程中，学生应严格按照操作规范、操作规程以及技术要求进行操作，严禁不规范的操作行为和违规的野蛮暴力操作。

6）学生在每次上课前必须预习指定的内容，明确每次操作的目的、要求、方法和步骤，并做好准备工作。

7）每次课程开始前，由指导老师统一分配，各小组长负责领取本次课程操作所需的工量器具和物料。

8）在操作过程中同一小组的同学之间应按照要求相互配合，规范协作，以提高在车间上课的学习效果。

9）对于在场地操作过程中，不服从授课教师管理，违反安全操作规程等行为的学生，应立即停止其操作训练，以免引起不必要的安全隐患。

10）每次课程结束前10min，各小组长负责清洁、清点、归还课前所领取的工量器具及物料，配合授课教师进行检查，检查无误后，关闭电源、门窗，清洁好学习场地后方可离开。

11）未经批准，任何学生不得将上课场地的工量器具、设备、物料等带出上课场地。

12）在车间上课时，授课教师应严格按照生产车间5S管理制度对学生进行管理，努力将学生培养成能满足现代企业及岗位要求的高素质技能型人才。

三、实训课程人员防护

穿戴整洁的工作服和工作鞋,是职业化形象的具体体现,也是安全生产的基本要求。

1. 工作服

为了安全和方便工作,工作服必须结实合身;不要将腰带扣、纽扣、手表等坚硬物体暴露在外;为了防止机械损伤和烫伤,尽量不要裸露皮肤,如图1-6所示。

2. 工作鞋

工作鞋前部有保护钢板,底部可以防滑并且绝缘,可起到很好的保护作用。

3. 其他防护用具

工作服和工作鞋是工作中必须穿着的,而其他防护用具应根据作业内容来决定是否佩戴。如检查排气管等热的零部件时必须佩戴手套,以免受伤;在操作旋转性设备如风动扳手时,禁止戴手套。在操作会产生碎片的设备时,如砂轮机时,还应佩戴护目镜,如图1-7和图1-8所示。

图1-6 人员防护

图1-7 工作手套

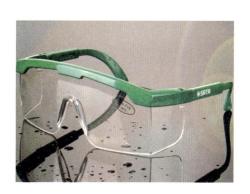

图1-8 护目镜

四、维修车辆准备事项

在进行车辆作业前,必须对车辆内外做好防护工作,保护车辆的同时也体现"客户至上"的理念。为了可靠保证车辆不移动,应放好车轮挡块,如图1-9所示;为了避免作业时弄脏客户车内,应铺好地板垫、座椅套、转向盘套等,如图1-10所示;为了避免操作时损坏或腐蚀车辆外部,应铺好翼子板布和前格栅布,如图1-11

所示；为了保护作业环境，在起动发动机前应接上排气烟道，如图 1-12 所示；在作业完成后，还应对车内外进行清洁。

图 1-9　车轮挡块

图 1-10　车内防护

图 1-11　车外防护

图 1-12　排气烟道

【任务实施】

一、工具设备准备

别克威朗实训车辆、手套、车内三件套、车外三件套、车轮挡块、工具车、车辆垫块和分类垃圾桶等。

二、任务操作过程

1. 车辆防护	

1）安装车轮挡块。车轮挡块安装在非驱动轮，安装要贴紧车轮	2）安装排烟套

扫一扫

安全防护

（续）

 3）解锁车辆，在工单上正确填写车辆基本信息	 4）安装车内三件套。车内三件套包括转向盘套、座椅套和地板垫
 5）检查档位和制动状态。检查并确保车辆档位处于P位，并处于驻车制动状态	 6）打开发动机舱盖。首先拉起转向盘左下方释放杆，发动机舱盖弹起，然后在发动机舱盖中间处扣动机械锁打开发动机舱盖

7）安装车外三件套。车外三件套包括左、右翼子板布和前格栅布	

2. 车辆防护回收及5S管理

 1）移除车外三件套。移除后叠放整齐	 2）关闭发动机舱盖。关闭到15~20cm处自由落体放下
 3）移除车内三件套。一般情况下三件套为一次性使用，转向盘套、座椅套丢弃到塑料垃圾桶内，地板垫丢弃到其他垃圾桶内	 4）排烟套归位。放置正确，一般放置到指定位置

（续）

5）车轮挡块归位。放置零部件车内	6）清洁车辆地面。清洁车辆门把手及手触摸过的地方，地面一般清洁油水处

【总结及拓展训练】

通过本任务的学习，同学们了解了汽车电气实训课程的具体要求，掌握了车辆安全防护的方法。本任务与汽车专业领域职业技能等级证书标准中的 1-3【汽车电子电气与空调舒适系统技术 - 模块】—安全注意事项职业技能要求相对应，同学们要勤加练习，为以后考取相应等级的职业技能等级证书打下基础。现望同学们查询资料，学习汽车工业垃圾分类的方法。

任务二　汽车电气检修工具和设备的使用

【任务目标】

1. 了解汽车电气检修工具和设备的作用及分类。
2. 熟练掌握各类汽车电气检修工具和设备的使用方法。

【任务描述】

维修工具是我们维修汽车时必不可少的装备，也是汽车维修的基础，汽车维修先从认识维修工具开始，只有熟练地使用维修工具才能更好地服务我们的维修工作，下面将学习汽车电气检修工具和设备的使用方法。

【知识储备】

一、汽车专用万用表

汽车专用万用表是检测汽车故障的基本检测仪器。汽车专用万用表是一种数字式万用表，在汽车检测中用途广泛。它除了具有常用数字式万用表的功能外，还具有一些汽车专用测试功能，如图 1-13 所示。

图 1-13　汽车专用万用表

1. 汽车专用万用表的作用

汽车专用万用表一般能测试电压、电流、电阻、转速、频率、温度、电容、闭合角、占空比和二极管等项目，并具有自动断电、自动量程变换、图形显示、峰值保留和数据锁定等功能。

2. 汽车专用万用表面板符号介绍

1——"直流/交流"按钮：观察显示屏 DC/AC 选择。

2——"保持"按钮：测试中锁定目前屏幕数值。

3——"量程"按钮：手动选择量程，每按动按钮一次，可选择高一级量程。

4——"转速"选择按钮：根据发动机的冲程数和有、无分电器，选择"4"或"2/DIS"。

5——"选择开关"：转动可选择所需测试档位。

6——直流电压、交流电压、电阻、二极管测试：将"选择开关"转到相应位置上。

7——温度测试：将"选择开关"转到"摄氏或华氏"位置，用专用插销插入插孔。

8——频率测试：将"选择开关"转到相应频率范围位置。

9——电压/欧姆/温度/占空比/频率/二极管/转速等测试时表针（红色测针）插孔。

10——COM 插孔：负极测试表笔（黑色测笔）插孔。

二、汽车诊断仪

1. 汽车诊断仪的作用

汽车诊断仪又被称为汽车解码器，是一种有效检测和诊断汽车故障的仪器设备，通常有以下三个作用。

（1）**读取故障码**　通过数据线将汽车解码器连接到汽车电脑上后，汽车解码器可将检测到的故障原因以代码的形式清晰地显示出来，技术人员只要了解代码的相关含义就能准确地找到故障所在及原因，而不用再通过故障指示灯的闪烁次数这样烦琐的方式来获取故障码信息，不仅减轻了诊断压力，也能让汽车故障诊断更准确。

（2）**显示数据流**　汽车解码器能够将汽车各个系统运行过程中存储于电脑的工作状况信息、各种输入输出信号的瞬时数值等以串行的方式经故障诊断座传送到解码器中，并且能够将其显示到终端屏幕，从而让技术人员对整个汽车控制系统的工作状况做到一目了然。

（3）**强制执行元件诊断**　汽车的构造十分精密，每一个执行元件出现异常都有可能导致汽车故障。汽车解码器能够在发动机运转的过程中或熄火的状态下，向汽车的各个执行元件发出强制驱动或强制停止的指令，从而让技术人员方便地查询到出现故障的执行元件或控制电路在什么位置。

2. 汽车诊断仪的分类

（1）**通用汽车诊断仪**　通用汽车诊断仪可检测的车型很多，一般可分为中国车型、美国车型、日本车型、法国车型和德国车型等。此诊断仪适用于车型比较多的修理厂。如博世诊断仪、元征诊断仪、道通诊断仪等，如图1-14所示。

图1-14　通用型汽车诊断仪

（2）**专用汽车诊断仪**　专用汽车诊断仪可检测单一汽车公司旗下的品牌，如丰田IT2、大众VAS6160、本田DST-i、通用GDS等，如图1-15所示。

图1-15　专用汽车诊断仪

三、汽车示波器

汽车示波器是用来检测汽车电子电路故障的示波器,它实质上是一个采集电压信号的仪器,如图 1-16 所示。由于其采集的信号基于时间有一定的连续,呈"波"状,将该"波"显示出来即为示波。

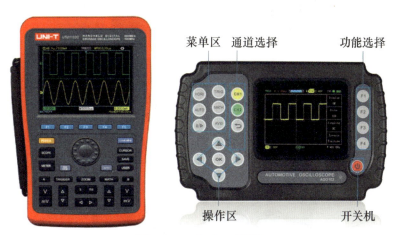

图 1-16 汽车示波器

汽车示波器可显示所有电子信号(幅值、频率、形状、脉冲宽度、阵列)。汽车示波器不仅可以快速捕捉电路信号,还可以用储存的方式记录信号波形,以便倒回来观察已经发生过的快速信号,这就为分析故障提供了极大方便。具体功能有:

1)可以测量传感器、执行器工作波形。
2)连续自动量程,可在任何情况下自动地以最佳方式显示测量的信号。
3)可拾取次级点火波形,点火系统的分析功能可轻而易举地判断点火系统的故障所在。
4)气缸相对压力的分析功能,可找出低压力的气缸。
5)可单独显示某一缸的次级点火波形,同时显示点火电压、转速(RPM)、燃烧时间及电压。
6)道路试验时具有信号连续记录功能,可记录最大至 128 个屏幕的信号。
7)读数绘图功能。
8)最小/最大趋势图功能,可连续显示某一信号的最大值、最小值及其平均值随着时间变化趋势。

四、其他专用设备

汽车电气操作中有很多专用仪器及设备,包括蓄电池检测仪、蓄电池充电机、前照灯检测仪、空调制冷剂回收加注机等,如图 1-17 所示。

a) 蓄电池检测仪

b) 蓄电池充电机

c) 前照灯检测仪

d) 空调制冷剂回收加注机

图 1-17　汽车电气常用专用设备

【任务实施】

扫一扫

汽车电气检修工具和设备的使用

一、工具设备准备

别克威朗实训车辆、博世 KT720 解码器、抹布、手套、车内三件套、车轮挡块、工具车、废气抽排装置和分类垃圾桶等。

二、任务操作过程

1. 前期准备
 1）安装车轮挡块。车轮挡块安装在非驱动轮处，安装要贴紧车轮	 2）安装排烟套

（续）

3）安装车内三件套。车内三件套包括转向盘套、座椅套和地板垫

2. 连接诊断仪	

1）用数据线连接诊断仪，注意安装正反位置及锁紧螺母	2）选择 OBD Ⅱ 的诊断插头连接数据线，注意安装正反位置及锁紧螺母

3）用诊断插头连接车辆。在连接诊断插头到车辆前，必须将点火开关置于 OFF 位，然后开机进入 BOSH 诊断仪菜单，起动车辆	
3. 读取故障码	

1）选择汽车诊断。汽车诊断菜单为汽车解码器，汽车分析仪菜单为汽车专用示波器	2）选择上汽通用 GM。博世 KT720 为通用型诊断仪，有很多车型可以选择

（续）

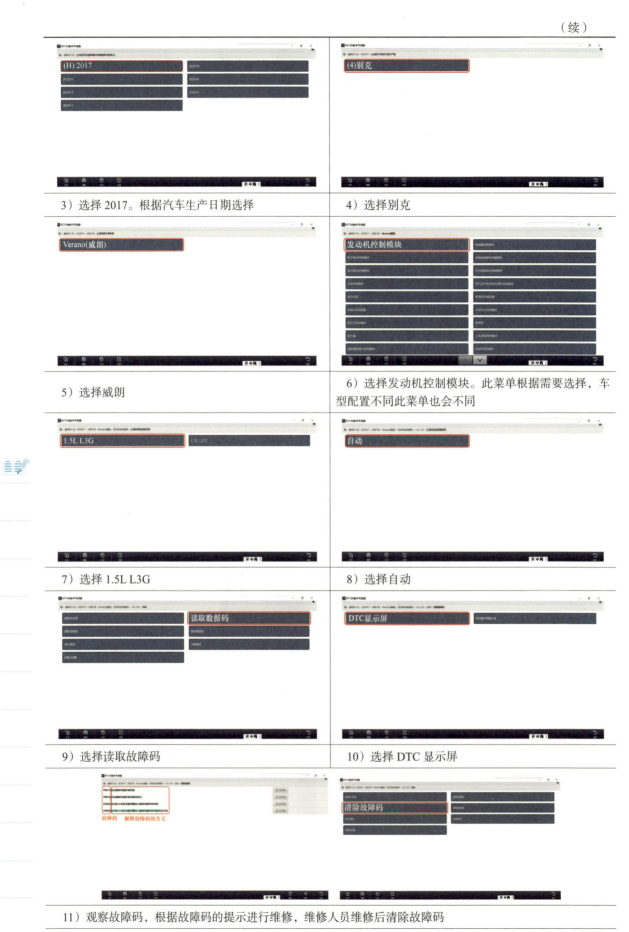

（续）

4. 读取数据流	

1）选择自动后选择读取数据流	2）选择发动机数据

3）读取需要的数据流。可以选择需要的数据进行勾选，也可以全选所有数据。

4）选择数据流进行波形展示。为了使数据更好的呈现，解码器内可以双击某个数据流，该数据流会以波形的方式呈现出来。

5. 车辆恢复及 7S 管理

1）拆下故障诊断仪，并放入专用的工具箱内
2）车内三件套环保处理
3）抹布手套回收处理
4）升起车窗玻璃，拔下车辆钥匙，收车轮挡块并归位
5）工具清洁归位
6）车辆、地面清洁

【总结及拓展训练】

通过本任务的学习，同学们了解了汽车检修工具和设备的作用及分类，掌握了汽车电气检修工具和设备的使用方法。本任务与汽车专业领域职业技能等级证书标准中的1-3【汽车电子电气与空调舒适系统技术 - 模块】—工具和设备的使用注意事项职业技能要求相对应。同学们要勤加练习，为以后考取相应等级的职业技能等级证书打下基础。博世 KT720 不仅是汽车解码器也是示波器，请同学们学习操作该设备的示波功能，如图 1-18 所示。

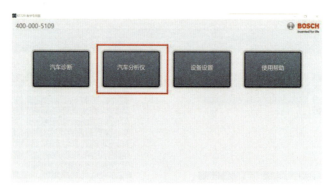

图 1-18　汽车分析仪

练一练

一、填空题

1. 举升机维护周期为_____。
2. 举升机维护的项目包括_____、_____、_____、_____。
3. 空气压缩机维护周期为_____。
4. 空气压缩机维护项目包括_____、_____、_____、_____、_____。
5. 一般普通建筑消防栓系统充实水柱不得小于_____m。
6. 车间配备的医药用品柜里的药品要定期检查_____、_____、_____。
7. 在发生火灾时，出入疏散距离过长区域中的人员，可先进入_____。
8. 实训课中的学生最基本的要求需要穿戴_____、_____。
9. 为了避免作业时弄脏客户车内，要安装车内三件套，其中车内三件套为_____、_____、_____。
10. 能够检测电压、电流、电阻的测量工具是_____。
11. 一种有效检测和诊断汽车故障的仪器设备是_____。
12. 汽车解码器的三个基本功能是_____、_____、_____。

二、简答题

1. 简述检测消防栓系统的主要内容。

2. 简述在车间里操作为何需要安装车外三件套和车内三件套的原因。

3. 简述汽车诊断仪的分类并举例品牌。

4. 简述示波器的作用。

项目二　汽车电气系统基础知识

【项目描述】

本项目主要介绍汽车电气系统的组成、特点及发展趋势，技能任务包括二极管、晶体管、继电器等元件的检测以及损坏线束的修复。通过本项目的学习，学生可以掌握汽车电气相关基础知识，并能完成汽车专业领域职业技能等级证书标准中一般维修和汽车电路识别的技能操作任务。

任务一　汽车电气系统认知

【任务目标】

1. 了解汽车电气系统的组成及结构。
2. 熟悉汽车电气的发展趋势。

【任务描述】

本任务主要介绍汽车电气系统的组成、特点及发展趋势，同学们将了解汽车电气系统总体构造，熟悉汽车电气系统布置的总原则，为以后的课程学习打下基础。

【知识储备】

一、汽车电气系统的组成

汽车所装备的电气系统，按其用途可大致归纳并划分为电源系统、用电系统、检测系统和配电系统。

1. 电源系统

电源系统包括蓄电池、发电机及其调节器。前两者是并联工作,发电机是主电源,蓄电池是辅助电源。发电机配有调节器的作用是在发电机转速升高时,自动调节发电机的输出电压,使之保持稳定,如图 2-1 所示。

2. 用电系统

汽车上用电系统大致可分为以下几类,如图 2-2 所示。

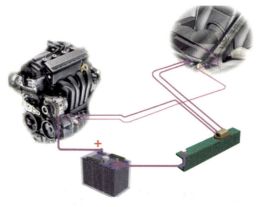

图 2-1 汽车电源系统

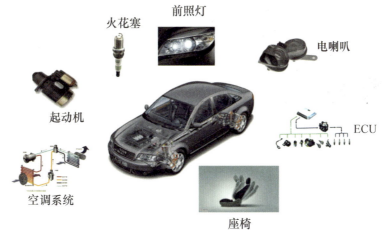

图 2-2 汽车用电系统

(1) 起动系统　主要机件是起动机,其任务是起动发动机。

(2) 点火系统　它是汽油发动机的组成部分,包括电子点火系统或传统点火系统的全部组件。其任务是产生高压电火花,按发动机的工作顺序点燃气缸内的可燃混合气。

(3) 照明系统　包括车内外各种照明灯以及保证夜间安全行车所必需的灯光,其中以前照明灯最为重要。军用车辆还增设了防空照明。

(4) 信号系统　包括电喇叭、蜂鸣器、闪光器及各种信号灯等,是用来保证安全行车所必要的信号。

(5) 电子控制系统　主要指由微机控制的装置,包括电子控制点火装置、电子控制燃油喷射装置、电子控制防抱死制动装置、电子控制自动变速装置等,分别用来提高汽车的动力性、经济性、安全性、排气净化和操纵自动化等性能。

(6) 辅助电器　包括电动刮水器、低温起动预热装置、空调、收录机、点烟器、防盗装置、玻璃升降器和座椅调节器等。辅助电器有日益增多的趋势,主要向舒适、娱乐、保障安全方面发展。

3. 检测系统

检测系统包括各种检测仪表如电压表、电流表、冷却液温度表、油压表、燃油表、车速里程表、发动机转速表和各种警告灯，用来监测发动机和其他装置的工作情况，如图 2-3 所示。

4. 配电系统

配电系统包括中央接线盒、电路开关、保险装置、插接件和导线等，以保证电路工作的可靠性和安全性，如图 2-4 所示。

图 2-3　汽车仪表

图 2-4　中央配电盒

二、汽车电气系统的特点

1. 低压

汽车电气系统的额定电压有 12V、24V 两种，汽油车普遍采用 12V 电，而柴油车多采用 24V 电。电器产品额定运行端电压，对发电装置 12V 电为 14V；对 24V 电为 28V。对用电设备电压在 0.9~1.25 倍额定电压范围内变动时应能正常工作。

2. 直流

汽车电气系统采用直流电是因为起动发动机的起动机为直流串励式电动机，其工作时必须由蓄电池供电，而蓄电池消耗电能后又必须用直流电来充电。

3. 并联单线

从电源到用电设备只用一根导线连接，而另一根导线由金属部分如车体、发动机等代替作为电器回路的接线方式，具有节省导线、简化电路、方便安装检修、电器元件不需与车体绝缘等优点而得到广泛采用。但在个别情况下，也采用双线制。车辆所有用电设备均采用并联方式连接。

4. 负极搭铁

采用单线制时，蓄电池的负极必须用导线接到车体上，称为负极搭铁，这是国家标准规定的，也是交流发电机正常工作的必要条件。

三、汽车电气系统的发展过程

1. 汽车电气系统的发展过程

第一阶段：20世纪初，美国通用汽车公司发明了蓄电池点火系统（传统点火系）和起动系统（起动系），才使汽车在安全性和操纵性方面有了明显的改善，汽车电气设备从此进入了第一个迅速发展阶段。

第二阶段：20世纪60年代初期至70年代末期，其主要特征是电子装置代替机械部件。

第三阶段：20世纪70年代末至今，主要特征是微型计算机在汽车上获得应用，并实现了对诸多功能的集中控制。

2. 汽车电气系统未来发展趋势

1）智能化集成传感器将投入应用。
2）微处理器的使用数量将越来越多。
3）电磁和电动式执行器将取代传统的气动和液动系统。
4）电子控制系统趋于集成化。
5）行驶路线趋于智能化。
6）数据交换趋于网络化。
7）汽车内部局域网趋于总线技术。
8）多媒体娱乐与智能交通系统的应用将越来越广泛。

任务二　汽车电气一般维修

【任务目标】

1. 了解二极管、晶体管、继电器的作用。
2. 熟练掌握电阻、电压、电流的测量方法。
3. 熟练掌握继电器、二极管、晶体管、熔丝的测量方法。

【任务描述】

本任务以别克威朗2017款汽车为例，同学们将学会测量蓄电池电压、寄生电流以及不同种类的电阻，学会测量继电器、二极管、晶体管、熔丝的参数，熟练掌握车辆电路及插接器的修复。

【知识储备】

一、二极管

1. 二极管的原理

二极管，如图 2-5 所示。在电子元件中，二极管是一种具有两个电极的装置，只允许电流由单一方向流过，应用较多的是其整流功能。

2. 二极管的作用

（1）整流　利用二极管单向导电性，可以把方向交替变化的交流电变换成单一方向的脉冲直流电。

（2）开关　二极管在正向电压作用下电阻很小，处于导通状态，相当于一只接通的开关；在反向电压作用下，电阻很大，处于截止状态，如同一只断开的开关。利用二极管的开关特性，可以组成各种逻辑电路。

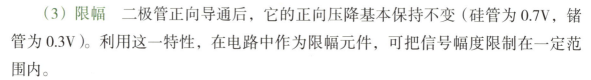

图 2-5　二极管

（3）限幅　二极管正向导通后，它的正向压降基本保持不变（硅管为 0.7V，锗管为 0.3V）。利用这一特性，在电路中作为限幅元件，可把信号幅度限制在一定范围内。

（4）续流　续流在开关电源的电感中和继电器等感性负载中起续流作用。

（5）检波　在收音机中起检波作用。

（6）变容　使用于电视机的高频头中。

（7）显示　用于 VCD、DVD、计算器等显示器上。

二、晶体管

1. 晶体管的原理

晶体管全称应为半导体晶体管，如图 2-6 所示，也称双极型晶体管，是一种控制电流的半导体器件。其作用是把微弱信号放大成幅度值较大的电信号，也用作无触点开关。晶体管是半导体基本元器件之一，具有电流放大作用，是电子电路的核心元件。

2. 晶体管的应用

晶体管的种类很多，并且不同型号各有不同的用途。晶体管大都是塑料封装或金属封装，常见晶体管的外观，有一个箭头的电极是发射极，箭头朝外的是 NPN 型晶体管，而箭头朝内的是 PNP 型晶体管。实际上箭头所指的方向是电流的方向。

图 2-6　晶体管

三、汽车继电器

汽车继电器由磁路系统、接触系统和复原机构组成，如图 2-7 所示，作为不可或缺的电路元件，比如在汽车灯光、空调、电动座椅、电动门窗、ABS 装置等都有控制继电器。

1. 汽车继电器的工作原理

电磁继电器利用电磁感应原理，如图 2-8 所示，当线圈中通过直流时，线圈产生磁场，动磁铁被吸动带动接触簧片，使静触点分开，动触点闭合。当电磁线圈电流被切断后，铁心失去磁性，动铁心在弹簧力的作用下复位，动触点打开，静触点闭合。

图 2-7 汽车继电器

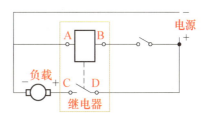

图 2-8 电磁继电器的工作原理

继电器线圈在没通电时处于断开位置的触点为常开触点，处于接通位置的触点为常闭触点。在一个常开触点和一个常闭触点的中间，有一个动触点被称作转换触点。在同一个继电器中，可具有一个或数个常开触点、常闭触点和转换触点。

电磁继电器中一般只有一个线圈，为了在电路上清楚而简便地把继电器表示出来，通常用一个文字符号表示继电器线圈和属于它的触点，各组触点则标以角标注明。

2. 汽车继电器的应用

通过控制低压电路的电流，来控制高压电路的电流，起到电流开关的作用。它普遍用在起动系统、照明系统、汽车电源主供电系统、喇叭、刮水器、玻璃清洗、车窗等大电流电路中，起到以小电流控制大电流的作用如，如图 2-9 所示为别克威朗继电器盒。

图 2-9 别克威朗继电器盒

【任务实施】

一、工具设备准备

别克威朗实训车辆、二极管、晶体管、电阻、博世 MMD540 万用表和热塑管等。

汽车电气一般检修

二、任务操作过程

1. 前期准备

1）安装车轮挡块。车轮挡块安装在非驱动轮，安装要贴紧车轮

2）安装车内三件套。车内三件套包括转向盘套、座椅套和地板垫

3）安装车外三件套。左侧翼子板布、右侧翼子板布、前格栅布

2. 电压、电流、电阻的测量

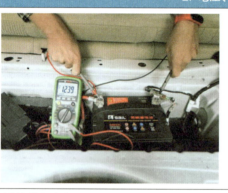

1）测量蓄电池电压

2）测量电阻

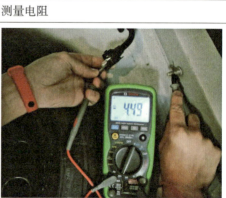

3）测量电流
① 断开车身连接负极电缆线
② 连接万用表，红色表笔连接负极电缆线，黑色表笔连接蓄电池负极
③ 万用表串联在电路中，注意火花，读取电流数值

（续）

3. 测试灯的使用	
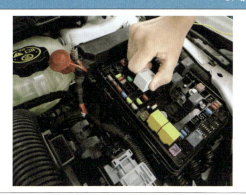 1）缓慢取下继电器	 2）打开点火开关。将点火开关置于 ON 位
 3）测量 30 号端。使用试灯测量，负极搭铁，正极接触 30 号端子，供电正常，试灯亮	
4. 继电器的检测	
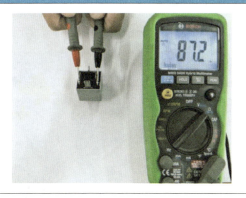 1）测量 85~86 之间电阻。标准电阻为 70~100Ω 之间	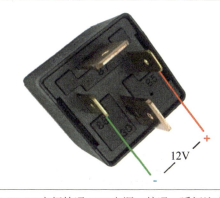 2）85~86 之间接通 12V 电源。接通一瞬间注意火花
 3）测量 30~87 之间电阻。开关正常闭合会有接触点闭合的响声，30~87 之间电阻正常值为小于 1Ω	

（续）

5. 熔丝的检测	

1）取出熔丝。使用自带熔丝夹拔出熔丝，禁止使用尖嘴钳夹熔丝	2）测量熔丝电阻。可采用目测方式，当目测发现短路则判断损坏。万用表测量准确度最高，熔丝标准电阻小于1Ω

3）就车测量熔丝。采用试灯方式测量熔丝两端的测量点，当出现两端试灯都亮时，说明熔丝没有损坏

6. 导线修复	

1）导线修复
① 使用剥线钳剥去导线绝缘层
② 穿上热塑管
③ 连接导线并套热塑管，用打火机对热塑管加热，热塑管收缩固定绝缘

（续）

7. 二极管、晶体管的检测

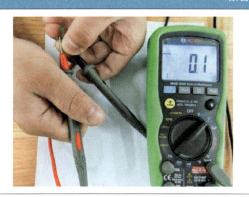 

1）使用万用表检测二极管。检测方法：使用万用表二极管档位，利用正向导通反向截止的方法检测二极管

2）晶体管类型及脚位置的检测
① 使用二极管档位检测判断晶体管类型（PNP 或者 NPN 型）
② 判断晶体管的 C、B、E 3 个脚的位置

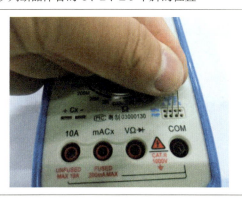 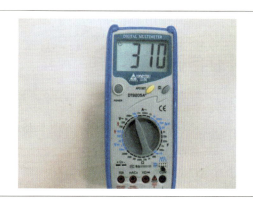

3）晶体管放大倍数的检测
① 选择类型、对应万用表孔的位置正确放入晶体管
② 万用表调至 hFE 档位，检测放大倍数

8. 车辆恢复及 7S 管理

1）拆除车外翼子板布、前格栅布并叠好归位
2）车内三件套环保处理
3）抹布手套回收处理
4）关闭发动机舱盖，升起车窗玻璃，拔下车辆钥匙，收车轮挡块并归位
5）工具清洁归位
6）地面、车辆清洁

【总结及拓展训练】

通过本任务的学习，同学们了解了二极管、晶体管、继电器的作用，学会了测量并判断继电器、二极管、晶体管、熔丝等元器件是否损坏。本任务与汽车专业领域职业技能等级证书标准中的 1-3【汽车电子电气与空调舒适系统技术 - 模块】一般维修职业技能要求相对应，同学们要勤加练习，为以后考取相应等级的职业技能等级证书打下基础。当汽车上插接器损坏时，如图 2-10 所示，请同学们根据已学知识对该插接器进行修复。

图 2-10　插接器损坏

任务三　汽车电路图识读

【任务目标】

1. 了解汽车电路的组成。
2. 掌握汽车电路各线束颜色的含义。
3. 掌握汽车电路的符号。

【任务描述】

本任务以别克威朗 2017 款汽车为例，同学们将学会使用维修手册查询电路，并结合电路图在汽车上找出对应的元器件。

【知识储备】

一、汽车电路

汽车电路图常见的表达方式有电路图、原理图和线束图三种。电源、负载、中间环节是汽车电路的三要素，主要包括电源电路、起动电路、点火电路、空调控制电路、仪表电路、照明与信号电路、辅助电器电路和电子控制系统电路。

1）电源电路由蓄电池、发电机及电压调节器和工作情况显示装置等组成，其主要任务是对全车所有用电设备供电并维持供电电压的稳定。

2）起动电路由起动机、起动继电器、起动开关及起动保护装置等组成，其主要任务是将发动机由静止状态转变为自行运转状态。

3）点火电路由分电器、电子点火控制器、点火线圈、火花塞及点火开关等组成，其主要任务是控制并产生足以击穿火花塞电极间隙的电压，同时按发动机工作顺序将高压电送至各缸火花塞。

4）空调控制电路由空调压缩机、电磁离合器、空调控制器、控制开关及风机控制电路等组成，其主要任务是根据环境温度和空气质量控制调节车内的温度和空气质量，以满足乘员舒适度的要求。

5）仪表电路由仪表、指示表、传感器、各种报警器及控制器等组成，其主要任务是控制各种仪表显示信息参数及报警。

6）照明与信号电路由前照灯、雾灯、示廓灯、转向灯、制动灯、倒车灯等及其控制继电器和开关组成，其主要任务是控制各种照明灯的启闭及各种信号的输出。

7）辅助电器电路由各种辅助电器及其控制继电器和开关等组成，其主要任务是根据需要控制各种辅助电器的工作时机和工作过程。

8）电子控制系统电路由电子控制器 ECU 根据车辆上所装用的电控系统内容不同采用不同的控制方式完成控制功能。

二、汽车电路的控制元件

汽车电路控制元件由控制开关、线路保护装置、导线、线束和插接器等组成。

1. 控制开关

（1）电源开关　用于切断蓄电池与外电路的连接，以防车辆停驶过程中蓄电池经外电路漏电。常见类型有闸刀式和电磁式电源开关。

（2）点火开关　控制点火电路、仪表电路、发电机励磁电路、起动电路及其辅助电气电路等。

（3）灯光开关　Ⅰ档接通示廓灯、尾灯、仪表照明灯等；Ⅱ档接通前照灯、尾灯、仪表照明灯等。一般分为推拉式、旋转式和组合式灯光开关。

（4）组合开关　由两种及两种以上的开关组合在一起，可使操纵更加方便。

2. 电路保护装置

当电路因负荷超载、短路故障而电流过大时，保护装置自动断开电源电路，以防电路或用电设备烧坏。常见的保护装置有熔断器、易熔线和断路器。

1）熔断器串联在其所保护的电路中。当通过熔丝的电流超过其规定值时，熔丝发热熔断，从而保护电路的用电设备不被烧坏。

2）易熔线比熔丝粗一些，被保护的电路其工作电流往往较大，通常连接在电源电路和通过电流较大的电路上。

3）断路器起保护作用的，主要元件是双金属片和触点，有自恢复式和按压恢复式两种。

3. 导线

导线是电器电路的基础元件，均采用多股铜线。

（1）**导线面积**　导线的截面积根据所用电气设备的电流确定，见表 2-1。为保证导线有足够的机械强度，规定截面积不能小于 0.5mm^2。

表 2-1　导线面积与载流量表

铜芯导线截面积 /mm^2	1.0	1.5	2.5	3.0	4.0	6.0	10	13
导线允许载流量 / A	11	14	20	22	25	35	50	60

（2）**导线的颜色**　为了便于识别和维修，电线束中的低压电线都采用了不同颜色。电线的各种颜色均用字母表示，如图 2-11 所示。

系统名称	主色代号	颜色	系统名称	主色代号	颜色
电器装置搭铁线	B	黑	仪表及报警指示和喇叭系统	Br	棕
起动系统	W	白	前照灯、雾灯等外部照明系统	BL	蓝
电源系统	R	红	辅助电动机及电器操纵系统	Gr	灰
灯光信号系统	G	绿	收音机、点烟器等辅助装置	V	紫
防雾灯及车身内部照明系统	Y	黄		O	橙

图 2-11　电线的各种颜色

4. 线束

线束是由同路的导线包扎而成，如图 2-12 所示，可使电路不凌乱，便于安装，而且起到了保护导线的作用。

5. 插接器

插接器是电路与各电气设备之间、电路与电路之间的连接部件，如图 2-13 所示。

图 2-12　汽车整车线束

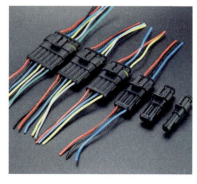

图 2-13　汽车插接器

汽车插接器有几百个，在汽车上分布位置各不相同，为了使维修方便，给所有插接器进行了区域分布，如图 2-14 所示。

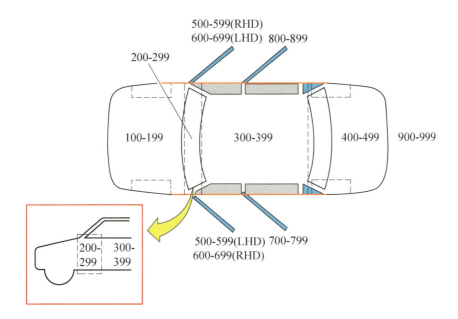

插接器编号	区位说明
100-199	发动机舱(仪表板的所有前部区域)
200-299	仪表板区域内(隔板与仪表板前面板之间)
300-399	乘客舱(从仪表板到后排座椅后部)
400-499	行李舱(从后排座椅后部到车辆后部)
500-599	连至或内置于驾驶人车门的直列式线束插接器

插接器编号	区位说明
600-699	连至或内置于前乘客车门的直列式线束插接器
700-799	连至或内置于左后车门的直列式线束插接器
800-899	连至或内置于右后车门的直列式线束插接器
900-999	连至或内置于行李舱盖的直列式线束插接器

图 2-14　汽车插接器分布图

三、常见的电路符号

1. 模块电路功能图标

模块电路功能图标见表 2-2。

表 2-2　模块电路功能图标

符号	说明	符号	说明	符号	说明
	输入/输出下拉电阻器（−）		输入/输出双向开关（+/−）	5V	参考电压
	输入/输出上拉电阻器（+）		脉宽调制符号	5V AC	空调电压

（续）

符号	说明	符号	说明	符号	说明
	输入/输出高压侧驱动开关（+）	B+	蓄电池电压		低电平参考电压
	输入/输出低压侧驱动开关（+）	IGN	点火电压		搭铁

2. 线束图标

线束图标见表2-3。

表2-3　线束图标

符号	说明	符号	说明	符号	说明
	熔丝		搭铁		引线连接
动力总成继电器	继电器供电的熔丝		壳体搭铁	X100　12	引线连接
	断路器	×100　12 母端子 公端子	直列式线束插接器		临时或诊断插接器
	易熔线	×100　12 公端子 母端子	直列式线束插接器		钝切线
9	绞合线	T---	开关执行器—温度（瞬时）		蓄电池
	屏蔽	L---	开关执行器—音量（锁闭）		混合动力蓄电池总成
	电路参考		4针单刀/单掷继电器—常开	⊗	单丝灯泡
	电路延长箭头		5针继电器—常闭		双丝灯泡

项目二 汽车电气系统基础知识

 【任务实施】

一、任务内容

查找电路图；根据电路图找到端视图；根据电路图在威朗车中找到对应的位置。

二、工具设备准备

别克威朗实训车辆、维修手册和手电筒等。

三、任务操作过程

扫一扫

汽车电路识读

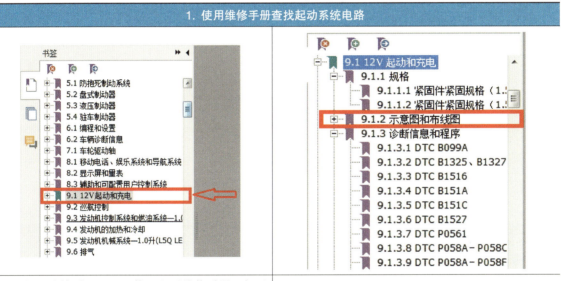

1. 使用维修手册查找起动系统电路	
1）打开维修手册目录。使用电子维修手册，打开书签找到 12V 起动和充电菜单	2）打开示意图和布线图

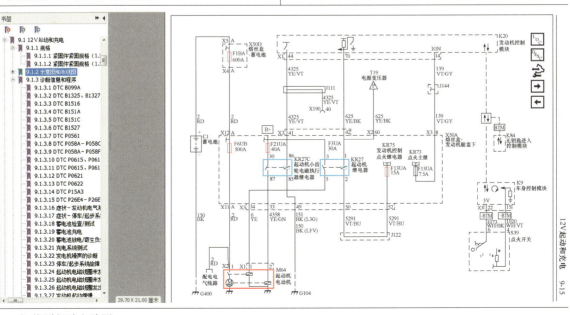

3）找到起动电路图

（续）

2. 使用维修手册寻找端视图

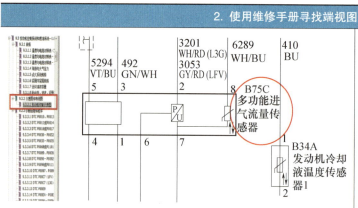 

1）使用维修手册，找到多功能进气流量传感器的电路图，观察传感器代号为"B75C"

2）第一步选择接线系统和电源管理。第二步选择部件定位图。第三步选择部件插接器端视图

电源和信号分布　　　　　　接线系统和电源管理　11-471

B75C多功能进气传感器

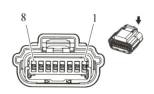

插接器零件信息
线束类型：发动机
OEM插接器：ATSSPB-C08C-1AK
维修插接器：13583440
说明：8路插座插接器0.64系列，密封型(BK(黑色))

端视图首字母按照英文字母顺序排列，第二、三位数字按照数字从小到大排列。第四位按照字母顺序排列

B75C多功能进气传感器

针脚	尺寸	颜色	电路	功能	端子类型标识符	选装件
1	0.5	BN/GY(棕色/灰色)	4008	湿度传感器信号		—
2	0.5 0.5	WH/RD(白色/红色) GY/RD(灰色/红色)	3201 3053	节气门进口绝对压力传感器5V参考电压涡轮进气压力传感器高电平参考电压(缸组1)		L3G LFV
3	0.5	GN/WH(绿色/白色)	492	质量空气流量传感器信号		—
4	0.5	BU/WH(蓝色/白色)	3608	高速质量空气流量传感器启用		—
5	0.5	VT/BU(紫罗兰色/蓝色)	5294	动力总成主继电器熔丝电源(5)		—
6	0.5 0.5	YE/WH(黄色/白色) YE(黄色)	3200 3054	节气门进气绝对压力传感器信号涡轮增压器进气压力传感器信号缸组(1)		L3G LFV
7	0.5	BK/WH(黑色/白色)	2051	信号搭铁		—
8	0.5	WH/BU(白色/蓝色)	6289	进气温度传感器信号		—

3）根据端视图查询插接器对应针脚的作用，如上表所示

（续）

3. 电路的识读

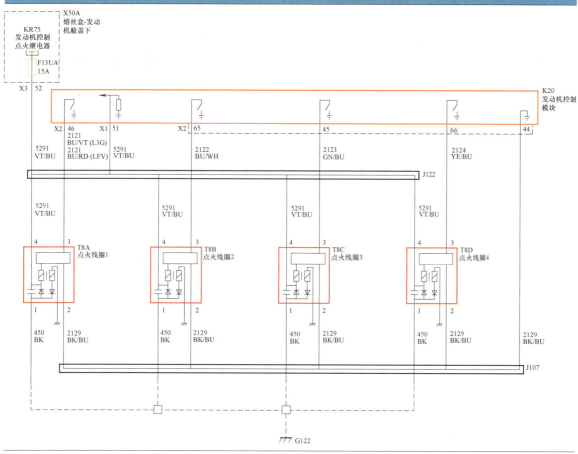

使用维修手册查询点火系统电路	
1）点火线圈：T8A、T8B、T8C、T8D	2）电路作用：T8A/4 为 12V 供电线、T8A/3 为点火信号线；T8A/2 为反馈信号线、T8A/1 为搭铁线；X1/51 为发动机电脑内部点火模块供电线
3）供电线熔丝。供电线熔丝为 F13UA 15A 的熔丝	4）负极搭铁。G122 为点火线圈的负极搭铁点
4. 根据电路图找出在车辆上的对应位置	

1）安全操作。安装车轮挡块	2）前期准备。安装左右翼子板布、安装前格栅布

3）点火线圈位置	4）T8A1-4 号线的位置

（续）

5）供电熔丝位置	6）搭铁点位置

5. 车辆恢复及 7S 管理

1）拆除车外翼子板布、前格栅布并叠好归位
2）抹布手套回收处理
3）关闭发动机舱盖，升起车窗玻璃，拔下车辆钥匙，收车轮挡块并归位
4）工具清洁归位
5）地面、车辆清洁

【总结及拓展训练】

通过本任务的学习，同学们了解了汽车电路的组成，掌握了汽车电路各线束颜色的含义及电路的相关符号。本任务与汽车专业领域职业技能等级证书标准中的 1-3【汽车电子电气与空调舒适系统技术 - 模块】—汽车电路识别职业技能要求相对应，同学们要勤加练习，为以后考取相应等级的职业技能等级证书打下基础。请同学们根据维修手册找到排气凸轮轴位置传感器电路并根据电路图在车辆上找到对应元件的位置。

练 一 练

一、填空题

1. 电子元件中，一种具有两个电极的装置，只允许电流由单一方向流过的电子元件是_____。

2. 电子电路中的核心元件中具有电流放大作用的是_____。

3. 常见晶体管类型有_____、_____。

4. 在汽车上主要作用为小电流控制大电流方式的元器件是_____。

5. _____、_____和_____是汽车电路三要素。

6. 汽车电路控制元件由_____、_____、_____、_____和_____等组成。

7. 为了方便识别和维修，电线的各种颜色均用字母表示，其中黑色缩写是_____、白色缩写是_____、红色缩写是_____、Y是_____颜色、Br是_____颜色、BL是_____颜色、Gr是_____颜色、V是_____颜色、O是_____颜色。

二、简答题

1. 简述二极管的作用。

2. 简述二极管的检测方法。

3. 简述晶体管的检测方法。

4. 简述继电器的检测方法。

5. 简述维修手册的使用方法。

项目三　汽车电源系统和起动系统

【项目描述】

本项目主要介绍汽车电源系统和起动系统的作用、结构和工作原理，技能任务包括蓄电池的拆装、检测、充电，发电机的拆装及传动带轮张紧度的检查，起动系统的拆装及性能检测。通过本项目的学习，学生可以掌握汽车电源系统及起动系统的知识要点，并能完成汽车专业领域职业技能等级证书标准中蓄电池检查与保养、起动系统检查与保养及充电系统检查与保养的技能操作任务。

任务一　蓄电池的检查与维护

【任务目标】

1. 了解蓄电池的种类、结构型号及作用。
2. 熟练掌握蓄电池的检测方法。
3. 熟练掌握蓄电池拆装及充电的方法。

【任务描述】

客户王先生的别克威朗轿车无法起动，该车辆被运送到别克 4S 店，服务顾问在询问和检查后将车辆交给维修技师，维修技师经过检查判断是蓄电池故障。下面将学习汽车蓄电池的有关知识并按流程进行蓄电池的更换和测量。

【知识储备】

一、蓄电池的作用

蓄电池是一种将化学能转变为电能的装置，属于可逆的直流电源，其主要作用如下。

1) 起动发动机时，向起动机和点火系统供电。
2) 发电机不发电或电压较低时向用电设备供电。
3) 发电机超载时，协助供电。
4) 发电机端电压高于蓄电池电压时，将发电机的电能转变为化学能储存起来。
5) 起大电容器作用，能够吸收发电机和电路中形成的过电压。

二、蓄电池的结构

汽车用蓄电池必须满足发动机起动的需要，即在短时间内向起动机提供大电流（汽油机为 200~600A，柴油机可达 1000A）。汽车上采用的蓄电池通常称为起动型蓄电池，根据电解液的不同，起动型蓄电池分为酸性蓄电池和碱性蓄电池。

铅酸蓄电池结构简单、价格低廉、内阻小、起动性能好，能在短时间内提供起动机所需的大电流，因此得到了广泛而长期的应用。

铅酸蓄电池是在盛有稀硫酸的容器内插入两组极板而构成的电能存储器，它由正极板、负极板、隔板、电池盖、电解液、加液孔盖和电池外壳组成，如图 3-1 所示。

容器分为 3 格或 6 格，每格装有电解液，正负极板浸入电解液中成为单格电池。每个单格电池的标称电压为 2V，因此，3 个串联起来成为 6V 蓄电池，6 格串联起来成为 12V 蓄电池。

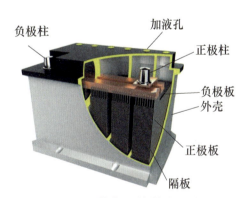

图 3-1　蓄电池的基本结构

三、蓄电池的型号

蓄电池的型号一般标注在外壳上，分为三段 5 部分组成：
串联的单格电池数—蓄电池类型和特征—额定容量和特殊性能
如：6—QA—105D
"6"——用阿拉伯数字表示串联的单格电池数。
"QA"——用汉语拼音字母表示蓄电池的主要用途和类型，其含义如下："Q"

为起动用蓄电池;"M"为摩托车用蓄电池;"JC"为船用蓄电池;"HK"为飞机用蓄电池。

"A"——用汉语拼音字母表示蓄电池的特征(无字为干封普通铅蓄电池;"A"为干荷式蓄电池;"B"为薄型极板;"W"为无须维护)。

"105"——额定容量105A·h。

"D"——汉语拼音字母表示蓄电池的特殊性能("G"为高起动率蓄电池;"S"为塑料壳体;"D"为低温起动性能好)。

四、蓄电池的工作原理

蓄电池的工作过程是一个化学能与电能相互转化的过程。当蓄电池的化学能转化为电能而向外供电时,称为放电过程;当蓄电池与外界电源相连而将电能转化为化学能储存起来时,称为充电过程,如图3-2所示。

1. 电动势的建立

正极板上二氧化铅电离为正四价铅离子和负二价氧离子,铅离子附着在正极板上,氧离子进入电解液中,使正极板具有2.0V的正电位;负极板上的纯铅电离为正二价铅离子和两个电子,铅离子进入电解液中,电子留在负极板上,使负极板具有-0.1V的负电位。因此,正、负极板间有2.1V的电位差。

2. 放电过程

在电位差的作用下,电流从正极流出,经灯泡流回负极,使灯泡发光。正极板上的正四价铅离子与电子结合生成正二价铅离子,进入电解液再与硫酸根离子结合生成硫酸铅(附着在正极板上);负极板上,正二价铅离子也同硫酸根离子结合生成硫酸铅(附着在负极板上),如图3-3所示。

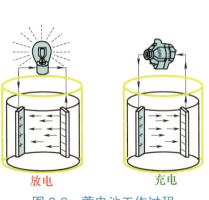

图 3-2 蓄电池工作过程

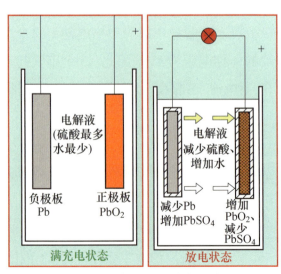

图 3-3 蓄电池充放电状态

1）放电过程中，正极板上的正四价铅离子得电子成为正二价铅离子，并与硫酸根离子生成硫酸铅附着在正极板上；负极板上的铅失去电子成为正二价铅离子，并与硫酸根离子生成硫酸铅，附着在负极板上。

2）正极板上的正四价铅离子逐渐变成正二价铅离子，其电位逐渐降低；负极板上电子不断流出，其电位逐渐升高，放电过程结束，两极板间的电位差减小为"0"，外接电路中的灯泡"熄灭"。

3）随着放电过程的进行，电解液中的硫酸根离子不断与正、负极板上的铅离子生成硫酸铅而附着在极板上，使得电解液中的硫酸根离子逐渐减少。同时，由于正极板上负二价氧离子与氢离子生成水，电解液中的水不断增多，结果使得电解液的密度不断下降。

3. 充电过程

充电时，外接直流电源的正极接蓄电池的正极板，电源的负极接蓄电池的负极板。当直流电源的电动势高于蓄电池的电动势时，电流将以放电电流相反的方向流过蓄电池。

正极板上，正二价铅离子失去2个电子而成为正四价铅离子，再与水反应生成二氧化铅，附着在正极板上，电位升高；负极板上，正二价铅离子得到2个电子生成一个铅分子而附着在负极板上；从正、负极板上电离出来的硫酸根离子与水中的氢离子结合生成硫酸。

1）充电过程中，正极板上的正二价铅离子失电子成为正四价铅离子，电位上升；负极板上的正二价铅离子得到电子成为铅分子，电位降低。正、负极板间的电位差加大。

2）随着充电过程的进行，极板上的硫酸根离子不断进入电解液与氢离子生成硫酸，使电解液中的硫酸根离子逐渐增多，结果使电解液的密度不断升高。

五、寄生电流

汽车电气系统的寄生电流是指在电源开关以及其他电器开关关闭以后，某些电器或电路继续消耗蓄电池的放电电流。在电源开关关闭5~60min进入休眠状态。在正常状态下，休眠时的电流只有30mA左右，所以蓄电池有微量电流输出属于正常。另一方面在汽车电源开关关闭以后汽车上许多电气设备存在着不可避免的微量的电量消耗。这些放电电流统称为寄生电流。常见车型的寄生电流总量应在30~50mA的范围内。表3-1是常见车型部分负载寄生电流。

随着计算机技术的发展，汽车电控系统越来越复杂。电控系统的发展使汽车在安全性、舒适性、可靠性等各方面有了很大的发展和进步。电控系统的发展使汽车电气系统寄生电流的增加成为可能。寄生电流一旦超过安全值将造成蓄电池亏电或早期损坏，严重的也可能造成车辆火灾，所以在汽车电气系统的维护和保养中寄生电流的检测越来越重要。

表 3-1　负载寄生电流

电气负载的名称	寄生电流正常值 /mA	寄生电流最大值 /mA
电子防盗系统	1.6	2.7
自动门锁装置	1.0	1.0
车身控制组件	3.6	12.4
电子控制组件	5.6	10
风窗玻璃加热组件	0.3	0.4
采暖通风和空调组件	1.0	1.0
室内照明系统	1.0	1.0
液面控制系统	0.1	0.1
多功能电子钟	1.0	1.0

扫一扫

蓄电池的检查与维护

【任务实施】

一、工具设备准备

别克威朗实训车辆、世达 120 件套装工具、博世 MMD540 万用表和秒表等。

二、任务操作过程

1. 蓄电池的拆装	

1）打开行李舱盖，取出行李舱内室盖板泡沫衬板	2）拆卸蓄电池负极搭铁螺母。关闭点火开关，拆卸螺母，断开连接并绝缘

（续）

 3）放倒后排座椅靠背。移开安全带，按压后排靠背放倒开关，放倒靠背	 4）拆卸蓄电池负极插头。旋松螺母，断开连接
 5）拆卸蓄电池正极插头。旋松螺母，断开连接	 6）拿出蓄电池。水平提起蓄电池
 7）安装蓄电池	 8）安装正极插头。安装紧固、位置合适
 9）安装负极插头。安装紧固、位置合适	 10）安装电缆负极。安装时注意火花

（续）

2. 蓄电池的维护	
 1）清洁极桩。使用2000号砂纸或抹布清洁极桩	 2）清洁通风口。使用压缩空气清洁通风口，注意需要佩戴护目镜
 3）清洁正负电缆线接线头。使用清洁剂及抹布清洁电缆接线头，注意需要佩戴护目镜	 4）更换电缆线。正确拆卸电缆线并更换新的电缆线
3. 蓄电池的充电	
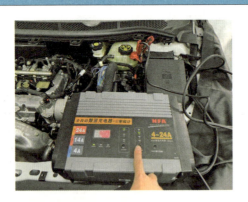 1）蓄电池就车充电。连接充电夹，红色连接正极桩，黑色连接负极桩，电流设置为4A充电	 2）蓄电池离车充电。连接充电夹，红色连接正极桩，黑色连接负极桩，电流设置为自动模式

（续）

4. 蓄电池负载测试	

1）测试仪设置标定。正确连接仪器，参数设定包括语言、日期、温度单位等	

2）输入蓄电池参数。输入电池放电电流，如图所示该蓄电池最大放电电流为550A	3）负载测试。负载测试观察电压表数值下降，最大值超过9.5V说明蓄电池损坏，测试完成后若显示"GOOD BATTERY."说明蓄电池测试正常
5. 蓄电池健康状态的检测	

1）仪器连接。红色接正极桩，黑色接负极桩	2）参数设定：包括检测项目、检测位置、蓄电池类型、最大电流
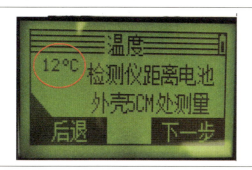	
3）检测蓄电池外壳温度	4）检测蓄电池健康状态并打印

（续）

6. 寄生电流的检测	

1）条件设置 ① 打开行李舱，关闭所有用电设备，关闭行李舱锁，行李舱灯熄灭 ② 拆卸负极电缆螺栓 ③ 车辆静置 30min	

2）测量寄生电流 ① 连接万用表，红色表笔线连接 20A 电流位置 ② 将万用表串联在电路中，红色表笔连接车身搭铁处，黑色表笔连接负极电缆处，注意火花 ③ 读取数值。当电流大于 30mA 时，判断车辆寄生电流过大，说明车辆存在放电不正常的用电设备	

7. 跨接起动	

1）前部跨接起动。正负极跨接线不能接反，注意火花	2）蓄电池跨接起动。正负极跨接线不能接反，注意火花

（续）

8. 车辆恢复及 7S 管理
1）拆除车外翼子板布、前格栅布并叠好归位 2）车内三件套环保处理 3）抹布手套回收处理 4）关闭发动机舱盖，升起车窗玻璃，拔下车辆钥匙，收车轮挡块并归位 5）扭力扳手归零、工具清洁归位 6）地面、车辆清洁

【总结及拓展训练】

通过本任务的学习，同学们了解了蓄电池的结构型号及作用，掌握了蓄电池的检测方法，掌握了蓄电池的拆装及充电方法。本任务与汽车专业领域职业技能等级证书标准中的 1-3【汽车电子电气与空调舒适系统技术 - 模块】—蓄电池检查保养职业技能要求相对应，同学们要勤加练习，为以后考取相应等级的职业技能等级证书打下基础。现在请同学们使用博世蓄电池检测仪，如图 3-4 所示，去对比大众专用蓄电池检测仪，比较检测方法区别和检测结果的区别。

图 3-4 博世蓄电池检测仪

任务二 充电系统的检查与维护

【任务目标】

1. 了解汽车交流发电机的作用和结构。
2. 掌握发电机的拆卸方法。
3. 熟练掌握传动带轮张紧度的检查方法。

【任务描述】

客户王先生的别克威朗轿车无法起动，该车辆被运送到别克 4S 店，在服务顾问的询问与检查后将车辆交给维修技师，维修技师经过检查后，判断是发电机故障。下面将学习汽车发电机的有关知识并按流程进行发电机的拆卸和传动带轮张紧度的检查。

【知识储备】

一、发电机的作用

发电机是电源系统的主要设备，其作用是在发动机怠速转速以上运转（即正常运转）时，向起动机以外的所有用电设备供电，同时给蓄电池充电。目前，汽车上大多采用交流发电机。

二、发电机的结构

汽车交流发电机一般是由转子、定子、整流器、前后端盖、散热风扇与传动带轮、电刷等部件组成，如图3-5所示。

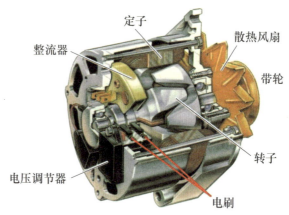

图3-5 汽车交流发电机结构

1. 转子总成

转子是交流发电机的磁场部分，主要由爪极、磁轭、励磁绕组、集电环（旧称滑环）及轴组成。两块爪极被压装在转轴上，内腔装有磁轭，并绕有励磁绕组。绕组两端的引线分别连接在与轴绝缘的两个集电环上，如图3-6所示。

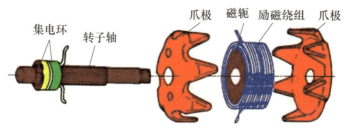

图3-6 转子总成

2. 定子总成

定子是交流发电机产生感应电动势的部分，主要由定子铁心（硅钢片叠成）和三相对称绕组组成。三相绕组的接法有星形联结和三角形联结两种,现在一般采用星形联结,如图 3-7 所示。

3. 整流器

整流器的作用是将三相定子绕组输出的交流电,通过三相桥式整流电路变成直流电输出。整流器由正整流板和负整流板组成,其结构如图 3-8 所示。

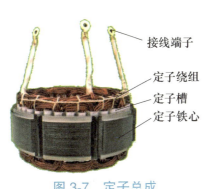

图 3-7　定子总成

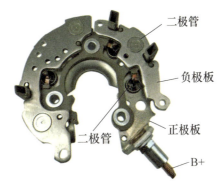

图 3-8　整流器

4. 前后端盖

端盖的作用是支撑转子总成并封闭内部构造。它由铝合金制成,铝合金为非导磁性材料,可减小漏磁通,并且轻便、散热性好。后端盖内装有整流器。

5. 散热风扇和传动带轮

散热风扇一般用低碳钢板冲压而成,其作用是在发电机工作时,对发电机进行强制通风冷却。传动带轮一般用铸铁或铝合金铸造而成,有单槽和双槽之分。

6. 电刷和电刷架

交流发电机的两个电刷装在与端盖绝缘的电刷架内,通过弹簧使其与集电环保持接触。当发电机工作时,两电刷与直流电源连通,可为励磁绕组提供定向电流并产生轴向磁通,使两块爪极分别被磁化为 N 极和 S 极,从而形成犬牙交错的 6 对磁极,并沿圆周方向均匀分布。转子每转 1 周,定子的每相绕组上就能产生周期个数等于磁极对数的交流电动势。

三、常见的汽车发电机

常见的汽车发电机如图 3-9 所示。

四、交流发电机的工作原理

根据汽车用交流发电机的结构特点,其工作原理可从发电原理、整流原理和励磁原理三方面进行阐述。

a) 别克威朗发电机　　b) 奔驰C系发电机

图 3-9　常见的汽车发电机

1. 发电原理

交流发电机电路如图 3-10 所示。由运动关系可知，定子绕组切割磁感线运动，在三相对称绕组内产生频率相同、幅值相等、相位互差 120° 电角度的感应电动势。每相绕组感应电动势的大小与串联的匝数、感应电动势的频率以及旋转磁场的转速成正比。

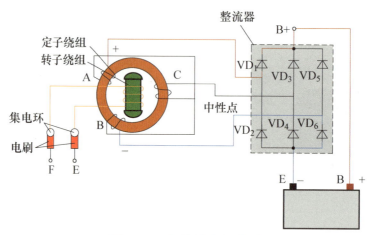

图 3-10　交流发电机电路

2. 整流原理

汽车的电器在工作时需要直流电，蓄电池充电时也需要直流电。交流发电机发出的三相交流电并不满足汽车的需求。需将交流电变成直流电后供汽车使用，这个转变过程称为整流。

在 6 管整流发电机中，整流器上 6 只二极管组成三相桥式整流电路，利用二极管的单向导电性实现整流。如图 3-11 所示，VD_1、VD_3、VD_5 为正二极管，正极的引出线分别接发电机三相绕组的首端，负极连接在一起。在某一瞬时，只有与电位最高一相绕组相连的正二极管导通。同样，VD_2、VD_4、VD_6 为负二极管，负极的引出线分别与发电机三相绕组首端相连，正极连接在一起。在某一瞬时，只有与电位最低一相绕组相连的负二极管导通。这样往复循环，6 只二极管轮流导通，在负载两端便可得到一个较平稳的直流电压，如图 3-11 所示。

3. 励磁原理

除永磁式交流发电机不需要励磁外，其他形式的交流发电机都必须给励磁绕组通电才会有磁场产生而发电。将电流引入励磁绕组使之产生磁场的过程称为励磁。交流发电机的励磁方式有他励和自励两种。由蓄电池供给励磁电流发电的方式称为他励。当发电机能对外供电时，就可把自身发出的电供给励磁绕组，这种自身供给励磁电流发电的方式称为自励发电。

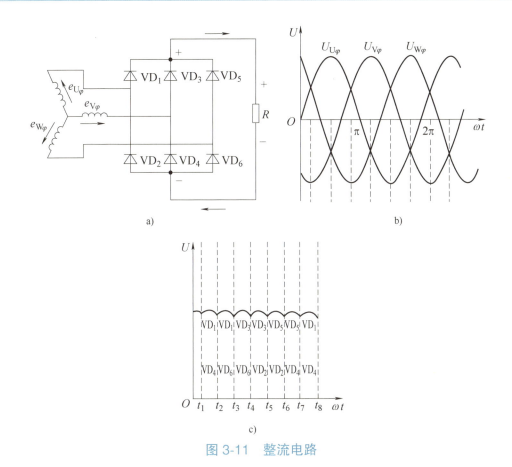

图 3-11 整流电路

交流发电机的励磁过程是先他励后自励。当发动机达到正常怠速时,发电机的输出电压一般高出蓄电池电压1~2V,以便对蓄电池充电,此时由发电机自励发电。

五、发电机驱动带

发电机驱动带又称发动机附件传动带,由发动机曲轴带轮驱动,通过传动带使动力传递到发电机、空调压缩机、水泵,如图3-12所示。

发电机驱动带在使用过程中受到拉力和摩擦力的作用会慢慢磨损和损坏,特别在使用过程中断裂会引起发动机充电系统无法工作、发动机冷却液温度过高、空调无法工作等故障,所以发电机驱动带要定期检查,视磨损情况更换。

图 3-12 威朗发动机传动带结构

六、汽车充电系统电路

别克威朗充电系统电路如图3-13所示,G13的X1/1号线为输出供电线,主要是给蓄电池充电。X2/2号线为发电机充电指示灯信号线,当发电机无法充电时该电路产生电流信号，K20 发动机控制模块以 LIN 线信号的方式传输给仪表，从而亮起充电系统故障灯。X2/1 号线为励磁绕组正极供电线，该线供电由 K20 发动机控制模块控制。

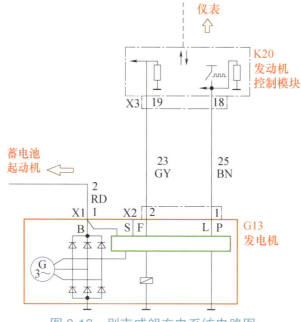

图 3-13 别克威朗充电系统电路图

扫一扫
充电系统的检查与维护

【任务实施】

一、工具设备准备

别克威朗实训车辆、世达 120 件套装工具、博世 MMD540 万用表和扭力扳手等。

二、任务操作过程

1. 前期准备	
 1）安装车轮挡块。安装在非驱动轮并夹紧	 2）安装车外三件套，安装前格栅布
 3）断开蓄电池负极	 4）拆卸空气滤清器

（续）

2. 发电机的拆卸

查询维修手册确定拆装流程：打开维修手册的书签找到12V起动和充电，找到9.1.4.17发电机的更换，根据维修手册流程拆装发电机

1）拆卸发电机驱动带	2）拆卸发电机正极连接螺栓

3）拆卸发电机插接器	4）拆卸发电机支架螺栓（左）

（续）

5）拆卸发电机支架螺栓（右）	6）拆卸发电机支架螺母（上）

7）拆卸发电机支架螺杆	8）取出发电机

9）拆卸的螺栓螺母摆放整齐	
3. 发电机的安装	
	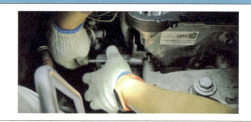
1）放入发电机	2）安装发电机支架螺杆

3）安装下支架螺栓（左侧）	4）安装下支架螺栓（右侧）

5）紧固螺栓	6）安装发电机电缆线 B+

（续）

 7）安装发电机线束插头	 8）安装上支架螺栓并紧固
 9）安装传动带	 10）安装空气滤清器

4. 充电测试	
 1）怠速充电电压。起动发动机，发动机转速稳定在780r/min	 2）测量电源系统充电电压为14.91V
 3）高转速充电电压。踩下加速踏板使发动机转速保持在2000r/min	 4）测量电源系统充电电压为14.93V

5. 车辆恢复及7S管理

1）拆除车外翼子板布、前格栅布并叠好归位
2）车内三件套环保处理
3）抹布手套回收处理
4）关闭发动机舱盖，升起车窗玻璃，拔下车辆钥匙，收车轮挡块并归位
5）扭力扳手归零、工具清洁归位
6）地面、车辆清洁

【总结及拓展训练】

通过本任务的学习，同学们掌握了汽车交流发电机的结构和作用，学会拆卸发电机及检查驱动带轮张紧度。本任务与汽车专业领域职业技能等级证书标准中的 1-3【汽车电子电气与空调舒适系统技术 - 模块】—充电系统检查保养职业技能要求相对应，同学们要勤加练习，为以后考取相应等级的职业技能等级证书打下基础。

很多车型发电机驱动带张紧方式不用，美系车采用单独张紧轮进行张紧，日系车采用发电机直接张紧，如图 3-14 所示。请同学们根据已学知识并结合该车辆实际情况，完成发电机的拆装。

图 3-14　卡罗拉轿车发电机位置

任务三　起动系统的检查与维护

【任务目标】

1. 了解汽车起动机的作用和结构。
2. 熟练掌握起动机的拆卸及更换方法。
3. 熟练掌握起动机的性能检测方法。

【任务描述】

客户王先生的别克威朗轿车起动没有任何反应，该车辆被运送到别克 4S 店，在服务顾问的询问与检查后将车辆交给维修技师，维修技师经过检查，判断是起动机的故障，下面将学习汽车起动机的有关知识并按流程进行起动机的更换和性能检测。

【知识储备】

起动机一般由直流串励式电动机、传动机构和控制装置 3 部分组成，如图 3-15 所示。

一、电动机

直流串励式电动机由磁极、电枢和换向器组成。

1. 磁极

磁极的作用是产生磁场,由铁心和磁场绕组组成,如图3-16所示。

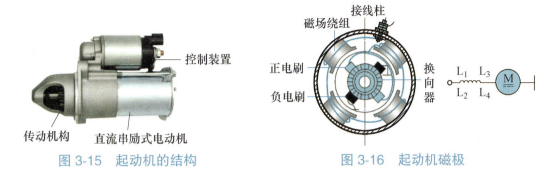

图3-15 起动机的结构

图3-16 起动机磁极

2. 电枢和换向器(转子)

电枢是产生电磁转矩的核心部件,主要由电枢轴、电枢铁心、电枢绕组和换向器组成,如图3-17所示。

3. 电刷与电刷架

电刷与电刷架的作用是将电流引入电动机,如图3-18所示。

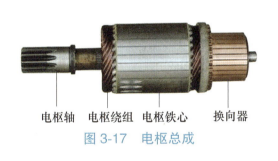

图3-17 电枢总成

图3-18 起动机电刷及电刷架

二、控制装置(电磁开关)

电磁开关主要由吸引线圈、保持线圈、活动铁心和接触盘等组成。其中吸引线圈与电动机串联,保持线圈与电动机并联,直接搭铁。活动铁心一端通过接触盘控制主电路的导通;另一端通过拨叉控制驱动齿轮的啮合,如图3-19所示。

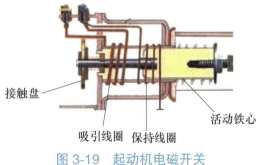

图3-19 起动机电磁开关

三、传动机构

传动机构的作用是当起动发动机时,将电动机的驱动转矩传给发动机曲轴;当发动机起动后,切断电动机与发动机之间的动力联系。传动机构包括减速机构、单向离合器和驱动齿轮,如图3-20所示。

减速机构分为外啮合式、内啮合式和行星齿轮式，现在大部分车型使用的是行星齿轮式减速机构，如图 3-21 所示。

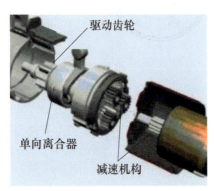

图 3-20　起动机传动机构

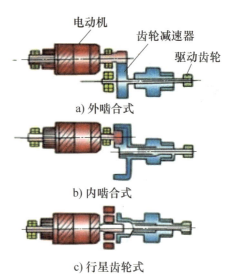

图 3-21　起动机减速机构啮合形式

起动机单向离合器的作用是在起动发动机时，与发动机飞轮齿轮相啮合，单向传递电动机的力矩，以起动发动机。发动机起动后，发动机的速度就会大于起动机。为了保护起动机，单向离合器自动打滑，使起动机电枢不致产生飞车。常见的起动机单向离合器有滚柱式（图 3-22）、弹簧式和摩擦片式。

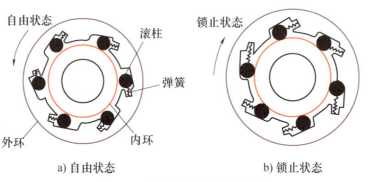

图 3-22　滚柱式单向离合器

四、起动机的工作原理

起动机控制电路如图 3-23 所示，当点火开关闭合时，使得吸引线圈、保持线圈通电。吸引线圈的电阻很小，通过它的电流很大。这个线圈是与电动机电路串联的，在电流的作用下，电动机会缓慢旋转，以方便驱动齿轮和飞轮啮合。与此同时，在吸引线圈和保持线圈中产生的磁场吸引铁心向左移动带动拨叉下端右移将驱动齿轮推出并与飞轮齿圈啮合。接触盘左移使接触盘和接线端子接触，同时吸引线圈被接触盘短路，起动机的主电路接通，电枢绕组由蓄电池提供大的起动电流并产生了强大的起动转矩；同时，保持线圈持续地将铁心吸附在指定的位置。

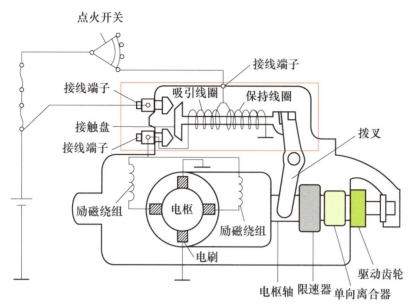

图 3-23　起动机控制电路

直到点火开关断开时，保持线圈和吸引线圈由接触盘供电，此时吸引线圈产生的磁场与刚起动时相反，且与保持线圈的磁场相反，两个磁场作用后的力使铁心回位，接线端子与接触盘断开。直流电动机的电路被切断而减速停止。

五、别克威朗起动系统电路

别克威朗起动机采用双控制线控制，和普通起动机不同的是电动机旋转是单独控制的而不是由电磁控制开关控制的。如图 3-24 所示，起动机继电器 KR27 和 KR27C，当这两个继电器同时闭合时起动机才能正常工作，而这两个继电器闭合是由 K20 发动机控制模块控制。

六、发动机起停技术

1. 起停技术的作用

发动机起停就是在车辆行驶过程中临时停车（例如等红灯）的时候，自动熄火，当需要继续前进的时候，系统自动重新起动发动机的一套系统。该系统每次会在起动车辆后自动起动，不使用时需要手动关闭，如图 3-25 所示，关闭起停功能开关时仪表上会显示黄色的 A。发动机起停系统是这几年来发展最迅猛的汽车环保技术，特别适用于走走停停的城市路况。自动起停系统可缓解驾驶疲劳，主要是可以减少尾气排放。

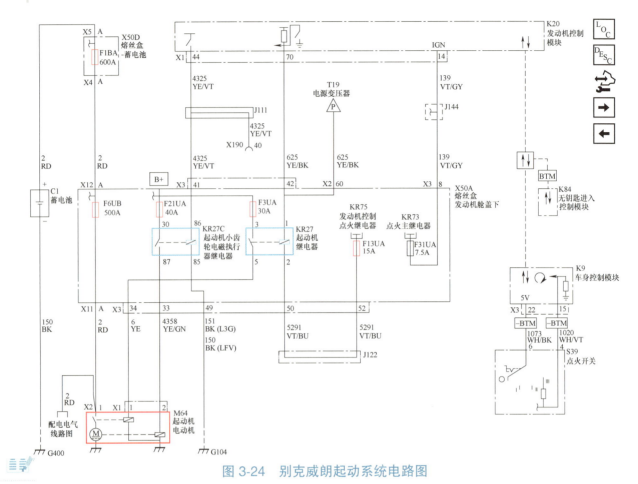

图 3-24　别克威朗起动系统电路图

2. 工作过程

汽车行驶中驾驶人只要直接踩制动踏板，车辆完全停止大概 2s 后发动机就会自动熄火，一直踩着制动踏板，发动机就会保持关闭，此时在车辆仪表上会出现绿色的 A，如图 3-26 所示。只要一松开制动踏板或转动转向盘，发动机会马上自动点火，立即又可以踩加速踏板起步，整个过程都处于 D 档状态。为了解决一直踩住制动过于疲劳的问题，只要把 AUTO HOLD 电子驻车制动也一并开启，那么发动机只会在轻踩加速踏板之后才起动，右脚就不需要一直踩住制动踏板了。

图 3-25　发动机起停技术

图 3-26　发动机起停工作仪表出现的图标

项目三 汽车电源系统和起动系统

扫一扫

起动系统的
检查与维护

【任务实施】

一、工具设备准备

别克威朗实训车辆、世达 120 件套装工具、博世 MMD540 万用表和扭力扳手等。

二、任务操作过程

1. 前期准备	

1）安装车轮挡块。安装在非驱动轮并夹紧	2）安装车外三件套。安装前格栅布

3）断开蓄电池负极	4）举升车辆

2. 起动机的拆卸

> 📖 8.1 移动电话、娱乐系统和导航系统
> 📖 8.2 显示屏和量表
> 📖 8.3 辅助和可配置用户控制系统
> 📖 9.1 12V起动和充电 ⬅
> 📖 9.2 巡航控制
> 📖 9.3 发动机控制系统和燃油系统—1.0升(L5Q LE1 LWT)、1.1升(LVG)、1.4升(L LEX LV7)或1.5升(L3A L3G LFV)
> 📖 9.4 发动机的加热和冷却
> 📖 9.5 发动机机械系统—1.0升(L5Q LE1 LWT)、1.1升(LVG)、1.4升(LE2 LEX LV7) 升(L3A L3G LFV)
> 📖 9.6 排气
> 📖 10.1 暖风、通风与空调系统
> 📖 10.2 暖风、通风与空调系统 - 自动
> 📖 10.3 暖风、通风与空调系统 - 手动
> 📖 11.1 数据通信

查询维修手册确定拆装流程：打开维修手册的书签找到 12V 起动和充电，找到 9.1.4.13 起动机的更换，根据维修手册流程拆装起动机

1）拆卸发电机 B+ 螺栓	2）断开起动机线束插头

61

（续）

3）拆卸起动机电缆线紧固螺母	4）拆卸起动机、发电机电缆

5）拆卸起动机搭铁电缆螺栓	6）拆卸起动机2个托架螺栓

7）拆除起动机托架	8）拆卸起动机固定上螺母

9）拆卸起动机固定下螺栓	10）拆下起动机摆放整齐
3. 起动机的检测	

1）连接电缆线	2）连接起动信号线

3）连接蓄电池	4）测试起动机运转状况

（续）

（续）

4. 起动机的安装	
 1）放入起动机	 2）安装起动机上固定螺母
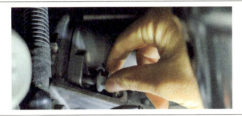 3）安装起动机下固定螺栓	 4）安装起动机支架及2个螺栓
 5）安装起动机搭铁电缆及螺母	 6）安装起动机电缆及螺母
 7）安装发电机电缆及螺母	 8）安装起动机线束插头

9）安装蓄电池负极

5. 起动测试	
 1）安装排烟套。起动发动机，发动机转速稳定在780r/min	 2）起动车辆。测量电源系统充电电压为14.91V

（续）

3）观察异响

6. 车辆恢复及 7S 管理

1）拆除车外翼子板布、前格栅布并叠好归位
2）车内三件套环保处理
3）抹布手套回收处理
4）关闭发动机舱盖，升起车窗玻璃，拔下车辆钥匙，收车轮挡块并归位
5）扭力扳手归零、工具清洁归位
6）地面、车辆清洁

【总结及拓展训练】

通过本任务的学习，同学们了解了汽车起动机的结构和作用，学会了拆卸更换起动机，能够对起动机的好坏进行正确判断。本任务与汽车专业领域职业技能等级证书标准中的 1-3【汽车电子电气与空调舒适系统技术 - 模块】—起动系统检查保养职业技能要求相对应，同学们要勤加练习，为以后考取相应等级的职业技能等级证书打下基础。现有一辆大众桑塔纳汽车需要更换起动机，如图 3-27 所示，请同学们根据所学知识并结合车辆具体情况，完成起动机的更换。

图 3-27　桑塔纳汽车起动机

练 一 练

一、填空题

1. 汽车上将化学能转变为电能的装置，属于可逆的直流电源的是_____。
2. 铅酸蓄电池由_____、_____、_____、_____、_____、加液孔盖和电池外壳组成。
3. 蓄电池型号 6-QA-105D，6 的含义为_____，Q 的含义为_____，105 的含义为_____。
4. 蓄电池的工作过程是一个化学能与电能的相互转化的过程，当蓄电池的_____能转化为_____能时称为放电过程。当蓄电池_____能转化为_____能时为充电过程。

5. 汽车交流发电机一般由_____、_____、_____、_____、_____电刷等部件组成。

6. 定子总成三相绕组的接法有_____和_____两种。

二、简答题

1. 简述汽车寄生电流的作用及标准。

2. 简述汽车寄生电流的检测方法。

3. 简述汽车交流发电机的整流过程。

4. 指出图中 1 到 14 各个结构部件名称并简述起动机的工作原理。

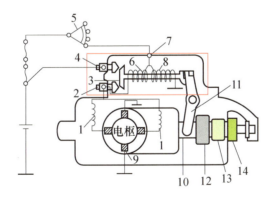

项目四　汽车仪表系统和照明系统

【项目描述】

本项目主要介绍汽车仪表系统和照明系统的作用、分类及组成，技能任务包括汽车仪表检查及拆装，汽车灯光检查及前照灯高度调节。通过本项目的学习，学生可以掌握汽车仪表系统和照明系统的知识要点，并能完成汽车专业领域职业技能等级证书标准中灯光仪表警示装置和车身电气系统检查保养的技能操作任务。

任务一　汽车仪表系统的检查与拆装

【任务目标】

1. 了解汽车仪表系统的作用、分类及组成。
2. 掌握汽车仪表系统中各个故障灯及指示灯的作用。
3. 熟练掌握汽车仪表系统检查及拆装的方法。

【任务描述】

本任务以别克威朗 2017 款汽车为例，同学们将学习汽车仪表系统的相关知识并按流程进行汽车仪表的检查与拆装。

【知识储备】

1. 汽车仪表系统的作用

汽车仪表系统的作用是监测汽车的运行状况，使驾驶人随时观察与掌握汽车各系统工作状态的相关信息，如图 4-1 所示。仪表盘包括了发动机转速表、车速表、里程表、燃油表、冷却液温度表以及各种报警显示装置等内容。各个仪表结构简单、工作可靠、显示数据清晰准确,指示值受电源的电压波动和环境温度变化的影响小,同时要求仪表的抗振、耐冲击性能也要好。

图 4-1 别克威朗仪表系统

2. 汽车仪表系统的分类

（1）按工作原理划分

1）机械式仪表系统。基于机械作用力而工作的仪表。

2）电气式仪表系统。基于电测原理,通过各类传感器将被测的非电量变换成电信号（模拟量）加以测量的仪表。

3）模拟电路电子式仪表系统。其工作原理与电气式仪表基本相同,只不过是用电子器件（分立元件和集成电路）取代原来的电气元件,现在均采用各种专用集成电路。

4）数字式仪表系统。由 ECU 采集传感器的信号,将模拟量转换为数字量,经分析处理后控制显示装置的仪表。

（2）按安装方式划分

1）组合式仪表系统。将各仪表组合安装在一起。

2）分装式仪表系统。将各仪表单独安装。

3. 汽车仪表系统中故障指示灯的含义

当汽车其他电器电控单元工作时会提醒驾驶人当前电器工作的状态或者是故障警示时,会通过仪表等的方式显示出来。其中仪表灯可按颜色分类,一般来说绿色灯表示指示灯,如示宽灯；蓝色灯表示警告灯,如远光灯；黄色灯为故障提示灯,如发动机故障灯；红色灯为禁止灯,如机油压力灯,说明电控电气系统出现故障请及时检查维修,一般出现红色灯需要停车检查。汽车常见仪表灯见表 4-1。

表 4-1 常见仪表灯

图标	名称	备注
(P)	驻车制动指示灯	该指示灯用来显示车辆驻车制动的状态,平时为熄灭状态。当驻车制动被拉起后,该指示灯自动点亮。驻车制动被放下时,该指示灯自动熄灭。有的车型在行驶中未放下驻车制动会伴随有警告声

（续）

图标	名称	备注
	蓄电池指示灯	该指示灯用来显示蓄电池使用状态。打开点火开关，置于 ON 位，车辆开始自检时，该指示灯点亮。起动后自动熄灭。如果起动后蓄电池指示灯常亮，说明该蓄电池出现了使用问题，需要更换
	制动盘指示灯	该指示灯用来显示车辆制动盘磨损的状况。一般，该指示灯为熄灭状态，当制动盘出现故障或磨损过度时，该灯点亮，修复后熄灭
	机油指示灯	该指示灯用来显示发动机内机油的压力状况。打开点火开关，置于 ON 位，车辆开始自检时，指示灯点亮，起动后熄灭。该指示灯常亮，说明该车发动机机油压力低于规定标准，需要维修
	冷却液温度指示灯	该指示灯用来显示发动机内冷却液的温度，钥匙门打开，车辆自检时，会点亮数秒，后熄灭。冷却液温度指示灯常亮，说明冷却液温度超过规定值，需立刻暂停行驶。冷却液温度正常后熄灭
	气囊指示灯	该指示灯用来显示安全气囊的工作状态，当打开钥匙门，车辆开始自检时，该指示灯自动点亮数秒后熄灭，如果常亮，说明安全气囊出现故障
	ABS 指示灯	该指示灯用来显示 ABS 工作状况。当打开钥匙门，车辆自检时，ABS 指示灯会点亮数秒，随后熄灭。如果未闪亮或起动后仍不熄灭，表明 ABS 出现故障
	发动机指示灯	该指示灯用来显示车辆发动机的工作状况，当打开钥匙门，车辆自检时，该指示灯点亮后自动熄灭，如常亮说明车辆的发动机出现了机械故障，需要维修
	油量指示灯	该指示灯用来显示车辆内储油量的多少，当钥匙门打开，车辆进行自检时，该指示灯会短时间点亮，随后熄灭。如起动后该指示灯点亮，说明车内油量已不足
	车门指示灯	该指示灯用来显示车辆各车门状况，任意车门未关上，或者未关好，该指示灯都有点亮相应的车门指示灯，提示驾驶人车门未关好，当车门关闭或关好时，相应车门指示灯熄灭
	玻璃清洁液指示灯	该指示灯用来显示车辆所装玻璃清洁液的多少，平时为熄灭状态，该指示灯点亮时，说明车辆所装载玻璃清洁液已不足，需添加玻璃清洁液。添加玻璃清洁液后，指示灯熄灭
EPC	发动机功率电子控制指示灯	常见于大众品牌车型中。打开钥匙门，车辆开始自检时，EPC 灯会点亮数秒，随后熄灭。如车辆起动后仍不熄灭，说明车辆机械与电子系统出现故障
	雾灯指示灯	该指示灯用来显示前后雾灯的工作状况，当前后雾灯点亮时，该指示灯相应的标志就会点亮。关闭雾灯后，相应的指示灯熄灭
	转向灯指示灯	该指示灯用来显示车辆转向灯所在的位置。通常为熄灭状态。当驾驶人点亮转向灯时，该指示灯会同时点亮相应方向的转向指示灯，转向灯熄灭后，该指示灯自动熄灭
	远光指示灯	该指示灯用来显示车辆远光灯的状态。通常情况下，该指示灯为熄灭状态。当驾驶人点亮远光灯时，该指示灯会同时点亮，以提示驾驶人，车辆的远光灯处于开启状态
	安全带指示灯	该指示灯用来显示安全带是否处于锁止状态，当该灯点亮时，说明安全带没有及时扣紧。有些车型会有相应的提示音。当安全带被及时扣紧后，该指示灯自动熄灭
O/D OFF	O/D 档指示灯	该指示灯用来显示自动档的 O/D 档（Over-Drive）超速档的工作状态，当 O/D 档指示灯闪亮，说明 O/D 档已锁止。此时加速能力获得提升，但会增加油耗

(续)

图标	名称	备注
	内循环指示灯	该指示灯用来显示车辆空调系统的工作状态，平时为熄灭状态。当点亮内循环按钮，车辆关闭外循环，空调系统进入内循环状态时，该指示灯自动点亮。内循环关闭时熄灭
	示宽指示灯	该指示灯用来显示车辆示宽灯的工作状态，平时为熄灭状态，当示宽灯打开时，该指示灯随即点亮。当示宽灯关闭或关闭示宽灯打开前照灯时，该指示灯自动熄灭
	电子车身稳定系统指示灯	该指示灯用来显示 VSC（车辆稳定控制）系统的工作状态，多出现在日系车上。当该指示灯点亮时，说明 VSC 系统已被关闭
	电控行车稳定系统指示灯	该指示灯用来显示车辆 TCS（牵引力控制系统）的工作状态，多出现在日系车上。当该指示灯点亮时，说明 TCS 已被关闭
	行李舱盖提示灯	当车辆行李舱打开时该指示灯点亮
	发动机舱盖指示灯	当发动机舱盖打开时该指示灯点亮
	胎压指示灯	当某个车轮的胎压低于标准值超过 10% 时该指示灯点亮
	定速巡航装置	当恒速控制功能接通时该指示灯点亮
	转向助力装置指示灯	当出现转向系统故障或更换蓄电池后该指示灯亮起
	智能钥匙系统警告灯	当点火钥匙可以转动时，智能钥匙系统警告灯呈绿色点亮，当无法转动开关时，以红色亮起
	智能钥匙锁止警告灯	当点火开关停留"OFF"位置，而没有完全转到"LOCK"位置时，警告灯呈红色闪烁，且蜂鸣器鸣响，在将点火开关回到"LOCK"或"ACC"位置前，警告灯将持续闪烁
	自适应巡航控制系统	车速和车距控制装置的结合

4. 常见的汽车仪表盘

常见的汽车仪表盘如图 4-2 所示。

a) 丰田汽车仪表盘

b) 奔驰汽车仪表盘

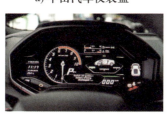

c) 兰博基尼汽车仪表盘

d) 特斯拉汽车仪表盘

图 4-2　汽车的仪表盘

5. 别克威朗汽车仪表电路

别克威朗汽车仪表为数字式组合仪表，该仪表有两个主要供电电路，一条供电线为 B+ 常电源电路，另一条为点火开关打开 ON 位置时电路供电，G204 为仪表电路搭铁负极。威朗汽车仪表工作方式为发动机 ECU 通过 CAN 信号获得其他电子控制系统信息后通过 LIN 线通信给仪表 P16，仪表通过信号处理显示出各种可见的仪表信息，如图 4-3 所示。

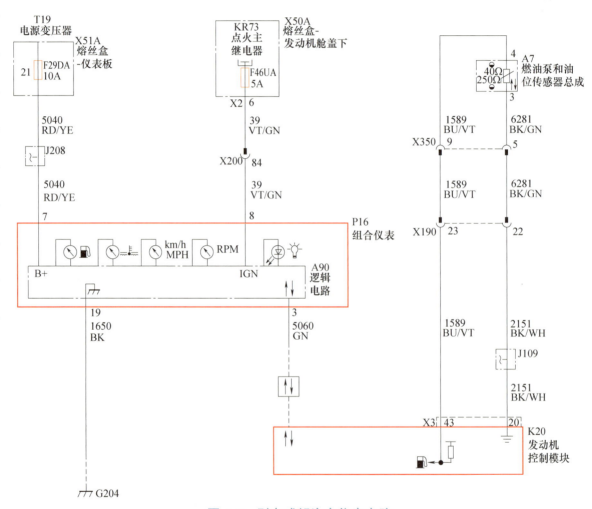

图 4-3　别克威朗汽车仪表电路

【任务实施】

一、工具设备准备

别克威朗实训车辆、世达 120 件套装工具、手套、抹布、车内三件套和车外三件套等。

二、任务操作过程

1. 前期准备	
 1）安装车轮挡块	 2）安装排烟套
 3）安装车内三件套	 4）安装车外翼子板布、前格栅布

2. 仪表的检查	
 1）打开点火开关观察仪表所有故障灯指示状态，等待数秒后部分故障灯熄灭	 2）起动车辆数秒后观察故障灯指示状态，除了安全带指示灯、驻车制动指示灯亮外其他正常情况下均熄灭
 3）使用多功能转向盘调整仪表信息	 4）调整仪表背景灯亮度

3. 仪表的拆装	
 1）拆卸侧面内饰板	 2）拆卸出风口

（续）

 3）拆卸内饰板	 4）拆卸转向盘上装饰盖
 5）拆卸转向盘下装饰盖	 6）拆卸仪表防尘板
 7）拆卸仪表左侧螺栓	 8）拆卸仪表右侧螺栓
 9）拆卸仪表	 10）拆卸仪表插接器
 11）拿出仪表	 12）安装仪表插接器
 13）安装仪表	 14）安装仪表右侧螺栓

（续）

 15）安装仪表左侧螺栓	 16）安装内饰板
 17）安装出风口	 18）安装侧面盖板
 19）安装仪表防尘板	 20）安装转向盘下盖板
 21）安装转向盘上盖板	 22）起动检查仪表工作状况

4. 车辆恢复及 7S 管理

1）拆除车外翼子板布、前格栅布并叠好归位
2）车内三件套环保处理
3）抹布手套回收处理
4）关闭发动机舱盖，升起车窗玻璃，拔下车辆钥匙，收车轮挡块并归位
5）工具清洁归位
6）地面、车辆清洁

【总结及拓展训练】

通过本任务的学习，同学们掌握了汽车仪表系统的组成及汽车仪表中各个故障灯及指示灯的作用。本任务与汽车专业领域职业技能等级证书标准中的 1-3【汽车电子电气与空调舒适系统技术 - 模块】—灯光仪表警示装置和车身电气系统检查保养职业技能要求相对应，同学们要勤加练习，为以后考取相应等级的职业技能等级证书

打下基础。

根据车型配置不同汽车仪表信号指示故障灯很多,如图 4-4 所示,请同学们根据已学知识,写出该仪表信号指示故障灯的含义。

图 4-4　汽车仪表信号指示故障灯

任务二　汽车照明信号系统的检查与维护

【任务目标】

1. 了解汽车照明灯系统的组成及作用。
2. 了解汽车信号系统的组成及作用。
3. 熟练掌握汽车灯光系统的检查与调整方法。

【任务描述】

客户王先生在驾驶过程中,发现前照灯灯光高度不一致,王先生开车来到别克 4S 店,服务顾问在询问和检查后将车辆交给维修技师,维修技师经过判断,决定对该车前照灯高度进行调节。下面将学习照明信号系统的相关知识并按流程进行前照灯高度的调节。

【知识储备】

一、照明信号系统的基本组成

汽车为了保证行驶安全,装备了多种照明与信号设备。照明系统不但要符合交通法规的要求，还要满足运行安全的要求。不同汽车照明与信号系统不完全相同，但一般包括照明系统、灯光信号系统及声响报警系统。照明系统包括前照灯、雾灯、倒车灯、牌照灯、内部照明系统等；灯光信号系统包括转向灯、危险警告灯、制动灯、示宽灯、高位制动灯等；声响报警系统包括电喇叭、倒车警告装置等，如图4-5所示。

图 4-5　照明系统的组成

二、照明与信号系统的分类和作用

照明信号系统包括照明灯和信号灯两大类。

1. 照明灯的分类及作用

（1）前照灯　又称大灯或头灯，是照明汽车前方道路的主要灯具。有近光灯和远光灯之分，也有四灯制和两灯制之分。功率一般为40~60W，汽车均向四灯制发展。

（2）小灯　小灯又称示廓灯、示宽灯、停车灯或示位灯。它安装在汽车前后边缘四角。

（3）雾灯　用于雨雪天气行车时道路照明，有前雾灯和后雾灯两种。

（4）仪表板照明灯　用于仪表照明，以便驾驶人获取行车信息并进行正确操作，其仪表灯数量依车型而定。

（5）顶灯　用于车内照明。有的车辆顶灯还具有门灯的作用，即当车门关闭不严会亮，以便提醒驾驶人注意。

（6）牌照灯　安装在汽车尾部的牌照上方，用于夜间照亮汽车牌照。

（7）工作灯　用于在排除汽车故障或检修时提供照明。

2. 信号灯的分类及作用

（1）转向灯　在汽车转弯时，发出明暗交替的闪光信号，以示汽车向左或向右转向行驶，转向灯一般有四只或六只，光色为橙色。

（2）危险警告灯　与转向灯共用，当车辆出现故障停驶在路面上时，按下危险警告开关，全部转向灯同时闪亮，提醒其他车辆避让。

（3）制动灯　安装在汽车尾部，当踩下制动踏板时，便发出较强的红光，以示本车制动或减速停车，向后车或行人发出灯光信号以便提醒。制动灯多为组合灯具，一般与尾灯共用灯泡，功率为20W左右。

（4）倒车灯　安装在汽车尾部，灯光为白色。用于照亮车后路面，并提醒后面车辆或行人，表示本车正在倒车。

（5）驻车灯　驻车灯是在车辆临时停车时，对车辆、路人等周边环境起安全提醒作用的警告灯，以提示汽车位置。

三、灯具的安装位置

轿车常将示宽灯、远近光灯和转向灯组装在一起，称为前组合灯，如图 4-6 所示，前雾灯安装在前组合灯的下方。

将后转向灯、制动灯、后示宽灯（尾灯）、后雾灯和倒车灯等组装在一起，称为后组合灯，如图 4-7 所示。

图 4-6　常见车型前组合灯

图 4-7　常见车型后组合灯

除了前后组合灯之外，一般汽车两侧翼子板或反光镜上还安装了侧转向灯，如图 4-8 所示。

a）反光镜上的侧转向灯

b）车身侧转向灯位置

图 4-8　侧面转向灯位置

目前汽车还增设 LED 的高位制动灯，安装在后风窗玻璃上，如图 4-9 所示。

四、汽车前照灯类型

1. 卤素灯

卤素灯可以说是最早的汽车前照灯，目前这也是最常见的汽车前照灯，对于一些低端的车型，基本上都是配置卤素灯。卤素灯基本上是前照灯发黄，从照明效果来看，卤素灯由于色温比较低，造成的光线颜色较暗。在照明情况比较不好的情况下卤素灯就显得比较暗，但是对于正常的市区驾驶是没什么问题的。卤素灯最大的优点在于穿透能力强，在大雾、大雨能见度低的情况下，卤素灯光源的穿透能力远远要高于其他色温高的产品。

图 4-9　高位制动灯

2. 氙气灯

氙气灯目前来说是中高端汽车普遍采用的车灯形式，由于氙气灯的亮度比较高，都要配备有透镜，射出来的光线十分聚焦，所以深受大家的喜爱，颜色也比普通的卤素灯不同，光线是白色的。氙气灯光照特别亮，但是也存在点亮慢、不稳定、发热灯泡使用寿命不长以及价格高等缺点。

3. LED 灯

目前，LED 灯使用广泛，其具有节能、环保、耐用、体积小等特点。由于其结构和成本的限制，适用在一些高端车型上。LED 原理就是发光二极管。其原理和氙气灯相似，区别在于无须高压电离，因为是直接把正负离子放在固定空间里，所以更加节能、稳定。

三种前照灯对比如图 4-10 所示。

4. 激光灯

激光灯的光源激光二极管（Laser diode）与发光二极管（LED）几乎诞生于同一时代，虽然激光二极管的大规模商业化应用要比 LED 稍晚些，但是其应用范围更加广泛，在测量、电子、通信、医学、加工等行业广泛使用，如图 4-11 所示。激光灯拥有 LED 灯大部分的优点，比如响应速度快、亮度衰减低、体积小、能耗低、寿命长等。相比 LED 灯，激光灯在体积方面具有优势，单个激光二极管元件的长度已经可以做到 10μm，仅为常规 LED 元件尺寸的 1/100，汽车设计的前照灯的尺寸可大幅度缩小，这将为汽车前脸上各个元素的设计比例带来革命性的变化。激光灯另一个显著优势是在发光效率方面，比如一般的 LED 灯的发光效率可达到 100lm/W 左右，那么激光二极管元件可达到 170lm/W 左右,这意味着,当满足同样照明条件时,使用激光灯的能耗不到 LED 灯的 60%,进一步减少了能量消耗,也更加符合未来汽车的节能环保趋势。

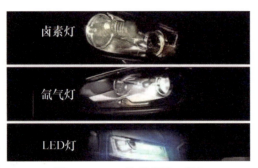

图 4-10　三种前照灯对比

图 4-11　宝马 i8 激光灯

五、照明系统常用术语

1. 发光强度

发光强度是光线在给定方向上发光强弱的度量,其单位为坎德拉,用符号 cd 表示,见表 4-2。在检测中特指前照灯照射物体后,物体上得到的总照度,光源发出的光的总量。

表 4-2　发光强度标准

发光强度不低于	两灯制	四灯制
新车	15,000cd	12,000cd
在用车	12,000cd	10,000cd

2. 光通量

单位时间内辐射光能量大小,单位为流明(lm)。

3. 照度

照度表明受光物体被光源照明的程度(表面亮暗程度),用光通量的面积密度表示,单位勒克斯(lx)。

4. 光束照射方位的偏移值

如果把前照灯最亮的地方看作是光束中心,则它对水平、垂直坐标轴交点的偏离,即表示它的照射方位的偏移,其偏移的尺寸就是光束照射方位的偏移值,也称为光轴的偏斜量。

汽车前照灯在长期使用过程中,由于灯泡的逐渐老化,外部环境的污染,可能使前照灯的发光强度降低。汽车在行驶中受到振动,又可能引起前照灯正常安装位置的改变，从而改变了其正确的照射方向。

为保证行车安全，必须保证前照灯的发光强度和照射方向符合要求。因此，对前照灯进行定期检查校验是十分必要的。

六、别克威朗汽车电路

1. 别克威朗灯光开关电路

别克威朗开关电路主要通过 K9 车身模块接收开关信号来控制灯光，如图 4-12 所示。

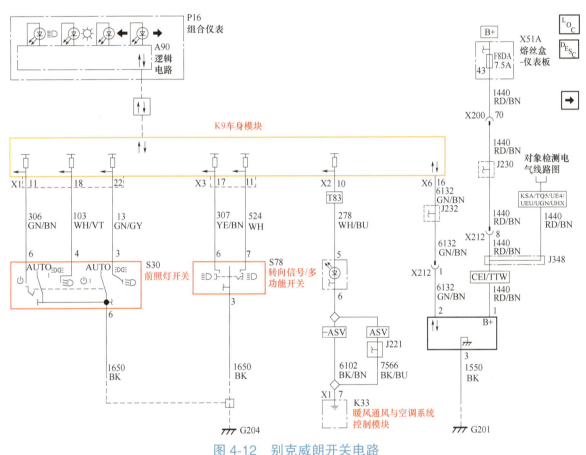

图 4-12　别克威朗开关电路

2. 别克威朗前部灯光总成电路

别克威朗前部灯光总成电路如图 4-13 所示。K9 接收开关信号后进行处理分析，从而关闭开关使对应的继电器闭合，灯泡点亮。

3. 别克威朗后部灯光总成电路

别克威朗后部灯光总成电路如图 4-14 所示。

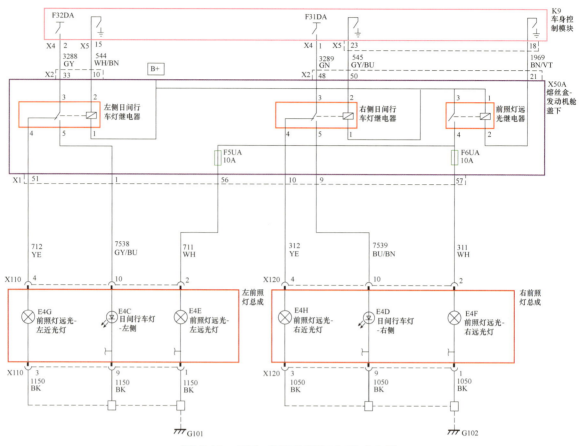

图 4-13　别克威朗前部灯光总成电路

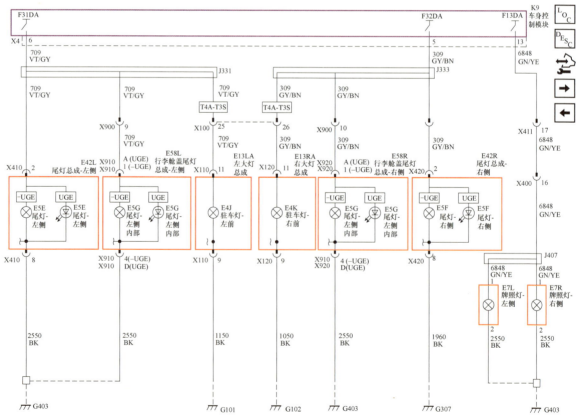

图 4-14　别克威朗后部灯光总成电路

【任务实施】

一、工具设备准备

别克威朗实训车辆、胎压表、灯光调节装置、工具车、车内三件套和车外三件套等。

二、任务操作过程

1. 前期准备	
 1）安装车轮挡块	 2）安装排烟套
 3）安装车内三件套	 4）安装车外翼子板布、前格栅布
 5）检查机油	 6）检查冷却液
2. 前部照明的检查	
 1）检查示宽灯	 2）检查前照灯近光

扫一扫

照明信号系统的检查与维护

（续）

 3）检查前照灯远光	 4）检查左转向灯
 5）检查右转向灯	 6）检查危险警告灯
3. 后部灯光的检查	
 1）检查尾灯牌照灯	 2）检查制动灯
 3）检查倒车灯	 4）检查雾灯

（续）

 5）检查左转向灯	 6）检查右转向灯
 7）检查危险警告灯	

4. 近光灯位置的调节及照度的检查	
 1）检查轮胎气压。四个轮胎气压为标准胎压	 2）打开近光灯
 3）清洁仪器透视镜	 4）清洁前照灯外部
 5）测量前照灯高度。以地面为基准测量地面到近光灯中心位置的高度	 6）调整仪器高度。调整的高度和前照灯中心到地面高度一致

（续）

 7）调整仪器离灯距离。根据设备仪器要求不同，一般选择20~30cm	 8）观察车辆水平情况。通过仪器自带的水平线观察车辆水平状况
 9）调整灯光高度。自带前照灯高度调节配置的车辆，应将高度调整为"0"	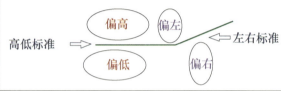 10）检测灯光高度。观察仪器反光板前照灯灯光的位置，判断位置高低
 11）水平调节。当出现灯光左右水平偏差时，调整图示螺母	 12）高低调节。当出现灯光高低偏差时，调整图示螺母
 13）测量灯光照度。灯光高度水平方向调整准确后进行近光灯照度检测。近光照度大于28lx，远光大于41lx	

5. 车辆恢复及7S管理

1）拆除车外翼子板布、前格栅布并叠好归位
2）车内三件套环保处理
3）抹布手套回收处理
4）关闭车灯、关闭发动机舱盖、升起车窗玻璃、拔下车辆钥匙、收车轮挡块并归位
5）工具清洁归位
6）地面、车辆清洁

【总结及拓展训练】

通过本任务的学习，同学们了解了照明系统的组成及作用以及信号警示系统的

组成及作用。本任务与汽车专业领域职业技能等级证书标准中的 1-3【汽车电子电气与空调舒适系统技术 - 模块】—灯光仪表警示装置和车身电气系统检查保养职业技能要求相对应，同学们要勤加练习，为以后考取相应等级的职业技能等级证书打下基础。现有一辆汽车远光灯需要调节，如图 4-15 所示，请同学们根据已学知识并结合该车辆具体情况，完成远光灯高度调节。

图 4-15 汽车远光灯

练 一 练

一、填空题

1. 汽车仪表总成包括_____、_____、_____、_____、_____以及各种报警显示装置。
2. 汽车仪表按工作原理可划分为_____、_____、_____和_____。
3. 汽车仪表按安装方式划分可分为_____、_____。
4. 汽车仪表指示灯中绿色表示_____、蓝色表示_____、黄色表示_____、红色表示_____。
5. 汽车前照灯类型分为_____、_____、_____和_____。

二、简答题

1. 简述照明系统中灯光的组成及作用。

2. 简述汽车前照灯类型及各种灯光的优缺点。

3. 简述汽车前照灯灯光调整的方法。

项目五　汽车空调系统

【项目描述】

本项目主要介绍汽车空调制冷系统、暖风系统以及通风系统的作用、类型、工作原理，技能任务包括汽车手动、自动空调的操作方法，冷凝器的检查、更换方法，暖风系统和冷却系统管路的检查方法以及空调滤清器滤芯的更换方法。通过本项目的学习，学生可以掌握汽车空调的知识要点，并能完成汽车专业领域职业技能等级证书标准中汽车空调系统保养的技能操作任务。

任务一　汽车空调的使用与维护

【任务目标】

1. 掌握汽车空调的基本知识。
2. 熟练掌握汽车手动、自动空调的操作方法。

【任务描述】

客户王先生有一辆别克威朗轿车，王先生感觉汽车空调制冷效果不佳，开车来到别克 4S 店，维修技师检查后发现空调系统正常，最后发现是驾驶人不会正确操作空调系统导致，因此维修技师就空调系统的正确使用进行了讲解示范，同时还介绍了空调系统如何进行日常维护，下面将学习汽车空调的相关知识并按流程进行汽车手动、自动空调的操作。

【知识储备】

一、汽车空调系统的作用

汽车空调系统的作用是用来调节汽车内密封空间的空气温度、湿度和洁净度等，并使车厢内空气流通，让驾驶人和乘客感到舒适的一种汽车附属装置，如图 5-1 所示。衡量汽车空调质量的指标主要有四个，即温度、湿度、流速和清洁度。

图 5-1　汽车空调

（1）调节车内温度　汽车空调在冬季利用其暖风系统升高车内温度，夏季利用制冷装置对车内降温。在夏季人感到最舒适的温度是 22~28℃，在冬季则是 16~18℃。人体面部需求的温度比足部略低，即要求"头凉足暖"，温差大约为 2℃。

（2）调节车内湿度　利用制冷装置冷却降温去除空气中的水分，再由暖风系统升温以降低空气的相对湿度。人觉得最舒适的相对湿度夏季是 50%~60%，冬季则是 40%~50%。

（3）调节车内的空气流速　夏季空气流速稍大有利于人体散热降温，冬季气流速度过大会影响人体保温，因此夏季舒适风速一般为 0.25m/s，冬季的舒适风速一般为 0.20m/s。

（4）过滤净化车内空气（清洁度）　由于车内空间小，乘员密度大，全封闭空间的空气极易产生缺氧和二氧化碳浓度过高现象，而汽车发动机废气中的一氧化碳、道路上的粉尘、野外有毒的花粉等又容易进入车内造成空气污浊，影响乘员的身体健康，因此要求空调必须具有补充车外新鲜空气、过滤和净化车内空气的功能。

二、空调系统在整车上的位置

汽车空调系统一般安装在汽车发动机舱内，出风口在驾驶室内，如图 5-2 所示。

三、汽车空调系统的组成

（1）制冷系统　对车内空气或由外部进入车内的新鲜空气进行冷却或除湿，使车内空气变得凉爽舒适。

制冷系统是对乘室内空气或由外部进入乘室内的新鲜空气进行冷却，实现降低乘室内温度的目的。作为冷源的蒸发器，其温度低于空气的露点温度，可使得空气水分释出，当温度提升时干燥度也提高，可见，制冷系统还具有除湿的作用。

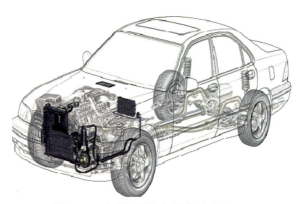

图 5-2　空调系统在整车上的位置

（2）暖风系统　主要用于取暖，对车内空气或由外部进入车内的新鲜空气进行加热，达到取暖、除湿的目的。

汽车的暖风系统一般是将发动机的冷却液引入乘室内加热器中，通过鼓风机将被加热的空气吹入乘室内，以提高乘室内空气的温度。同时还可以对前风窗玻璃进行除霜、除雾。

（3）通风系统　将外部新鲜空气吸进车内，起通风和换气作用。同时，通风对防止风窗玻璃起雾有着良好的作用。

通风一般分为自然通风和强制通风。自然通风是利用汽车行驶时，根据车外所产生的风压不同，在适当的地方，开设进风口和出风口来实现通风换气；强制通风是利用鼓风机强制地将外界空气引入乘室内。目前，广泛应用的综合通风是将自然通风与强制通风结合。在通风系统中设置有空气处理室、送风道及风门等部件。

（4）空气净化系统　除去车内空气中的尘埃、异味、烟气及有毒气体，使车内空气变得清洁。

空气净化系统对引入乘室内的空气进行过滤、除毒去臭，有的甚至添加负离子，并不断排出乘室内的污浊气体，改善空气质量，保持乘室内空气清洁。

（5）控制系统　对制冷和暖风装置进行控制，使空调正常工作。

将上述各部件全部或部分有机地组合在一起安装在汽车上，便组成了汽车空调系统。一般的轿车和客货车上，通常只有制冷装置、暖风装置和通风装置，高级轿车和高级客车上，除了制冷装置、暖风装置外，还有加湿装置和空气净化装置。

四、汽车空调系统的特点

汽车空调是以消耗发动机的动力来调节控制车辆内的环境，主要有如下特点：

1）汽车在行驶过程中，汽车空调承受频繁的振动和冲击，汽车空调因制冷剂泄漏而引起的空调故障约占全部故障的 80%，而且泄漏频率较高。

2）空调系统所需的动力来自发动机，非独立式空调系统，耗油量平均增加 10%~20%（和汽车的速度有关），发动机的输出功率减少 10%~12%。

3）要求汽车的制冷和制热能力大，其热、湿负荷大，气流分布难以均匀。

4）汽车空调结构紧凑、质轻。汽车驾驶室容积狭小，人员密集；汽车本身结构非常紧凑，可供安装空调设备的空间极为有限，对车用空调的外形、体积和质量要求较高。

5）汽车空调的制暖方式和房间空调的完全不同。

五、汽车空调系统的分类

1. 按功能划分

（1）单一功能　冷风、暖风各自独立，自成系统，一般用于大、中型客车上。

（2）组合式　冷、暖风合用一个鼓风机、一套操纵机构。

2. 按驱动方式划分

1）非独立式汽车空调系统。

2）独立式汽车空调系统。

3. 按控制方式划分

可分为手动式空调系统、半自动空调系统和全自动（智能）空调系统。

（1）手动式空调系统　这类系统不具备车内温度和空气配送自动调节功能，制冷、采暖和风量的调节需要使用者按照需要调节，控制电路简单，通常使用在普及型轿车和中、大型货车上。

（2）半自动空调系统　这类系统虽然具备车内温度和空气配送调节功能，但制冷、采暖和送风量等部分功能仍然需要使用者调节，配有电子控制和保护电路，通常使用在普及型或者部分中档轿车上。

（3）全自动（智能）空调系统　这类系统具有自动调节和控制车内温度、风量以及空气配送方式的功能，保护系统完善，并具有故障诊断和网络通信功能，工作稳定可靠，目前广泛应用在中、高档轿车和大型豪华客车上。

六、空调的正确使用操作

车辆配备有温度控制系统，使用温度控制系统可对车辆的暖风、冷风和通风进行控制，如图 5-3 所示。

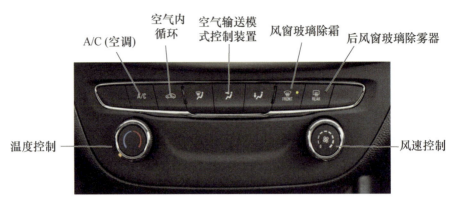

图 5-3 空调系统面板

【任务实施】

扫一扫

汽车空调的
使用与维护

一、工具设备准备

别克威朗实训车辆、车轮挡块、工具车、维修手册、车内三件套和车外三件套等。

二、任务操作过程

1. 前期准备	
 1）安装车轮挡块。车轮挡块安装在非驱动轮，安装要贴紧车轮	 2）安装垫块
 3）安装车内三件套。车内三件套包括转向盘套、座椅套和地板垫	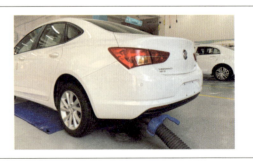 4）安装排烟套

项目五 汽车空调系统

（续）

2. 自动空调的操作	
该系统自动控制风扇转速、空气输送、空调和内循环，以将车内温度加热或冷却到所需温度。"AUTO（自动）"指示灯点亮时，系统处于全自动控制模式。如果调节了空气输送模式、风扇转速、内循环或温度设定，则"AUTO（自动）"指示灯将熄灭且选择的设定会在显示屏上显示	
 1）按下"AUTO（自动）"	2）设定温度。等待片刻，让系统稳定。根据需要调节至最舒适温度
 3）为提高燃油效率并使车内迅速冷却，天气较热时会自动选择内循环。内循环指示灯不点亮。按 选择内循环模式	 4）再次按下 ，选择外界空气模式。驾驶人和乘客温度控制装置：驾驶人和乘客温度可分别进行调节。转动旋钮以升高或降低温度
3. 手动空调操作	
 1）A/C：按下可关闭或打开空调	 2） （风扇控制）：将其按下可增大或减小风扇转速。风扇转速设定显示在主显示屏上。按下任一按钮取消自动风扇控制，手动控制风扇。按下"AUTO（自动）"返回自动操作

（续）

3）空气输送模式控制装置：按下 🌀、🌀 或 🌀 可改变气流方向。按钮上的指示灯将点亮。当前模式显示在显示屏上。按下任一按钮取消自动空气输送控制，手动控制气流方向。按下"AUTO（自动）"返回自动操作

4）🌀（除雾）：对车窗进行除雾或除湿，空气流向风窗玻璃出风口

5）🌀（通风）：空气流向仪表板出风口 🌀（地板）：空气流向地板出风口

6）MAX（除霜）：空气流向风窗玻璃，风扇以更高转速运行。可更快地除去风窗玻璃上的雾或霜。再次按下按钮后，系统返回之前的模式设置。为了达到最佳的效果，请在除霜之前清除风窗玻璃上所有的冰和雪

7）A/C（空调）：按下可开启或关闭空调系统。如果温度控制系统关闭或车外温度下降到零度以下，空调将不会运行

按下此按钮取消自动空调模式并关闭空调按下"AUTO（自动）"返回自动操作，空调可根据需要自动运转。指示灯点亮时，空调自动运行以降低车内温度或根据需要干燥空气，对风窗玻璃进行快速除雾

8）🚗（空气内循环）：将其按下可开启空气内循环，指示灯亮起。空气内循环以快速降低车内温度，防止车外空气和气味进入车内

（续）

9）自动除雾：温度控制系统有传感器自动检测车内湿度。检测到高湿度时，温度控制系统可进行调节，使外界空气进入并打开空调。风扇转速可能稍微提高以便防止起雾。如果未检测到车窗可能起雾，温度控制系统返回正常操作

10) REAR 后窗除雾器：按下以打开或关闭后窗除雾器。按钮上的指示灯点亮表示后窗除雾器已打开。通过将点火开关置于"附件"或"锁止/关闭"位置，可关闭除雾器

如果车辆配备加热型车外后视镜，则在按下后窗除雾器按钮时，后视镜加热功能打开以帮助除去后视镜表面的雾或霜

11) 或 （加热型前排座椅）：如装备，按下 或 以加热驾驶人或乘客座椅

12）传感器。风窗玻璃附近仪表板顶部的日光传感器监测阳光热量。温度控制系统根据传感器信息调节温度、风扇转速、内循环和空气输送模式，达到最舒适的感受。不要盖住传感器；否则自动温度控制系统可能无法正常工作

13）如图 1 为滑块旋钮，2 为拇指轮：使用出风口处的滑块旋钮，更改气流方向。使用出风口处的拇指轮，控制气流量或关闭气流

14）通风口
操作技巧：尽可能保持所有出气口畅通，以获得最佳系统性能；保持所有座椅下方无杂物，以高效循环车内空气

4. 车辆恢复及 7S 管理

1）拆除车外翼子板布、前格栅布并叠好归位
2）车内三件套环保处理
3）关闭发动机舱盖，升起车窗玻璃，拔下车辆钥匙，收车轮挡块并归位
4）地面、车辆清洁

【总结及拓展训练】

通过本任务的学习，同学们了解了汽车空调系统的基本知识，掌握了威朗汽车的空调操作方法。本任务与汽车专业领域职业技能等级证书标准中的 1-3【汽车电子电气与空调舒适系统技术 - 模块】—汽车空调系统保养职业技能要求相对应，同学们要勤加练习，为以后考取相应等级的职业技能等级证书打下基础。现有一辆雪佛兰科鲁兹汽车，请同学们根据已学知识并结合车辆具体情况，完成该车辆通风换气、制冷、采暖等操作。

任务二　制冷系统的检查与维护

【任务目标】

1. 了解汽车空调制冷系统的组成、作用及分类。
2. 掌握汽车空调制冷系统的工作原理。
3. 熟练掌握汽车空调冷凝器的检查及更换方法。

【任务描述】

客户王先生的别克威朗轿车空调制冷效果不佳，王先生开车来到别克4S店，服务顾问的询问与检查后将车辆交给维修技师，维修技师对空调进行了相关诊断，发现是由于空调系统的冷凝器损坏而造成制冷剂堵塞，引发制冷效果下降，需要更换冷凝器。下面我们将学习汽车空调制冷系统的相关知识，并按流程进行冷凝器的更换。

【知识储备】

一、汽车空调制冷系统的基本组成

汽车空调制冷系统采用 R134a（新型无氯环保型制冷剂）为制冷剂的蒸气压缩式制冷循环系统。制冷系统主要由压缩机、冷凝器、储液干燥器、节流减压元件（膨胀阀或孔管）、蒸发器以及一些管路、空气滤清器、制冷剂（R134a）等组成，如图5-4所示。各部件之间采用铝管和高压橡胶管连接成一个密闭系统。制冷系统工作时，制冷剂以不同的状态在这个密闭系统内循环流动。

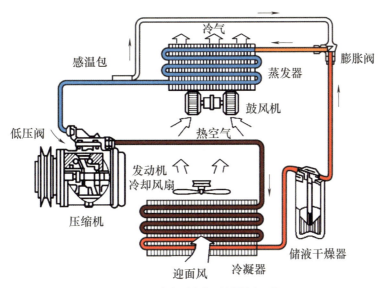

图 5-4 空调制冷系统的组成

（一）压缩机

1. 压缩机的作用

压缩机是整个制冷系统的心脏，它主要有吸收作用、泵的作用和压缩作用，其为制冷剂在系统中的循环提供动力，并且使制冷剂在系统中不断吸热和放热。经过压缩机的制冷剂必须是气体制冷剂，如果是液体制冷剂，将会造成"液击"现象，破坏压缩机内部阀板，造成压缩机的损坏。

2. 压缩机的分类

汽车空调最常用压缩机（图 5-5）的结构形式有：曲轴连杆式压缩机、斜盘式压缩机、斜板式（摆盘式）压缩机、旋叶式压缩机、滚动活塞式压缩机和涡旋式压缩机等。

（1）斜盘式压缩机　斜盘式压缩机采用往复式双头活塞，依靠斜盘的旋转运动，使双头活塞获得轴向的往复运动，缸数为偶数，如图 5-6 所示。

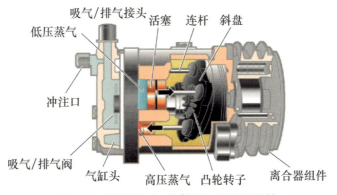

图 5-5　空调压缩机　　图 5-6　斜盘活塞（摇板）压缩机结构

当主轴旋转时，斜盘也随着旋转，斜盘边缘推动活塞作轴向往复运动。如果斜盘转动一周，前后两个活塞各完成压缩、排气、膨胀、吸气一个循环，相当于两个气缸作用。

双头活塞的两活塞各自在相对的气缸（一前一后）中，活塞一头在前缸中压缩制冷剂蒸气时，活塞的另一头就在后缸中吸入制冷剂蒸气，反向时互相对调。各缸均备有高低压气阀，另有一根高压管，用于连接前后高压腔。斜盘与压缩机主轴固定在一起，斜盘的边缘装合在活塞中部的槽中，活塞槽与斜盘边缘通过钢球轴承支承在一起，如图5-7所示。

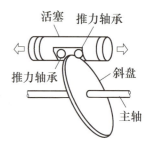

图5-7 斜盘活塞（摇板）压缩机的工作过程

（2）斜板式（摆盘式）压缩机　斜板式（摆盘式）压缩机又称单向斜盘式或摇摆式压缩机。斜板式（摆盘式）压缩机是往复式单向活塞结构，如图5-8所示。压缩机将5个或7个气缸均匀分布在四周，活塞与安装在斜盘上的球窝连接座里的连杆相连，摇板紧靠着安装在主轴一端斜盘的斜面上，主轴另一端穿过前盖中心支承轴承，由电磁离合器带动。

斜板式（摆盘式）压缩机的工作原理与斜盘式的类似，是将靠在主轴斜板上的摇板的摇摆运行变为单向活塞沿轴向的往复运行。

（3）涡旋式压缩机　涡旋式压缩机有两个旋涡转子，一个定子，一个动子，两者内部有轮叶，如图5-9所示。螺旋能够进行沿轨道或无完整旋转的振摆运动。动子通过一个同心轴承与输入轴相连。当动子在定子中进行振摆时，在螺旋中就形成了很多小穴。当这些小穴体积收缩时，制冷剂就被压缩以至压力升高，然后通过排气孔弹簧阀门从压缩机后端排出。

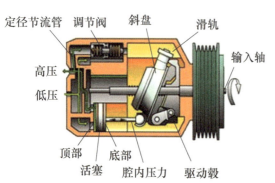

图5-8 斜板式（摆盘式）压缩机结构

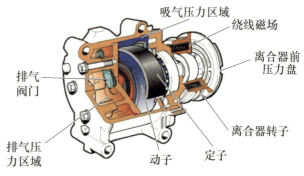

图5-9 涡旋式压缩机的结构

3. 压缩机支架和驱动

（1）支架和驱动　包括将一个压缩机固定到发动机上的支架，一个从动轮，压缩机驱动带有时会安装曲柄轴滑轮，如图5-10所示。

（2）压缩机支架　由铸铁、钢或铝制成的型材。特别应用在活塞式压缩机上，这种支架表现出良好的避振效果。

（3）驱动轮 一些车辆上没有附加的滑轮与空调驱动带相匹配，在这种情况下，需要用螺栓在曲柄轴箱上固定一个附加滑轮。

（4）从动轮 通常在传动带轮机构中使用从动轮，可减少传动带跨度较大产生的振动。

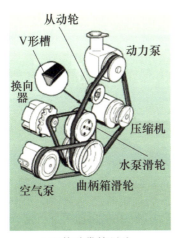
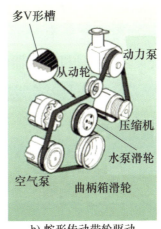

a) 双传动带轮驱动　　　　　b) 蛇形传动带轮驱动

图 5-10 压缩机支架及驱动的结构

4. 电磁离合器

电磁离合器的作用是控制发动机与压缩机的动力传递。空调制冷系统工作时，使发动机能驱动压缩机运转，制冷系统停止运行时，切断发动机到压缩机的动力传递，如图 5-11 所示。

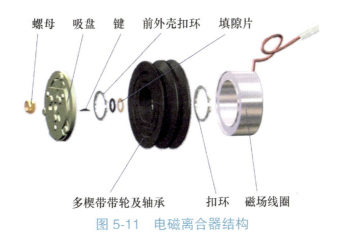

图 5-11 电磁离合器结构

（1）类型 旋转线圈式和固定线圈式。

（2）工作过程

1）当接通空调开关使制冷系统进入工作状态时，电磁离合器的定子线圈通电产生磁力，将驱动盘吸向传动带轮，使两者结合在一起，发动机的动力便通过传动带轮传递到驱动盘，带动压缩机运转。

2）当空调制冷系统停止工作时，电磁离合器的定子线圈断电，磁力消失，驱动盘与传动带轮分离，此时传动带轮通过轴承在压缩机的壳体上空转，压缩机停止运转。

（二）冷凝器

汽车空调的实质是将车厢内的热量转移到车厢外，而向外散热的部件就是冷凝器。它把来自压缩机的高温高压气体中的热量通过管壁和翅片传递给冷凝器外的空气，并使气态制冷剂冷却凝结成高温高压的液态制冷剂（高温 50~55℃、高压 1100~1400kPa），如图 5-12 所示。

冷凝器一般安装在发动机散热器的前面，方便散热，如图 5-13 所示。

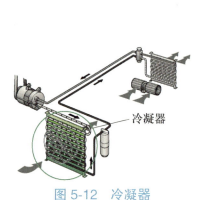

图 5-12　冷凝器

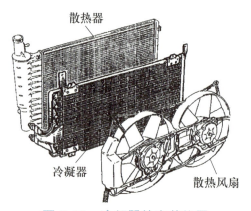

图 5-13　冷凝器的安装位置

冷凝器材料的选择主要考虑传热效率、重量、价格、制造设备、生产工艺、工况和有无腐蚀性等因素。目前使用较多的是铝、铜两种材料，铜材一般用于制造管片式（铜管铝片）冷凝器，铝材一般用于制造管带式及平行流式冷凝器。

（三）蒸发器总成

蒸发器和冷凝器一样，也是一种热交换器，也称冷却器，蒸发器是整个冷气系统中唯一制冷的机件，是制冷循环中获得冷气的直接器件。外形近似冷凝器，但比冷凝器窄、小、厚。

蒸发器将来自膨胀阀的低温、低压湿气状制冷剂在其管道中蒸发，汽化成气态制冷剂，吸收大量热量，使蒸发器及周围空气温度降低，同时对空气起除湿作用，如图 5-14 所示。

蒸发器是汽车空调直接产生制冷作用的部件，一般安装在前排乘客座位一侧杂物箱下方，如图 5-15 所示。

（四）节流膨胀机构

冷凝器出来的液体处于高压状态，必须通过节流元件减压后才能变成低压的容易蒸发的雾状物，汽车空调最常用的节流膨胀元件就是膨胀阀与孔管，这是一种感压和感温阀，是汽车空调制冷系统中的一个主要部件。

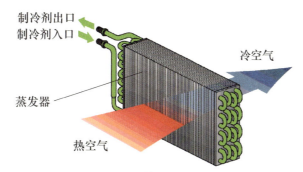

图 5-14　蒸发器的结构

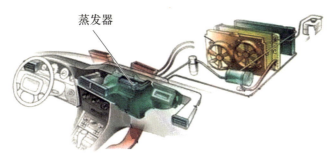

图 5-15　蒸发器的位置

1. 节流膨胀机构的作用

（1）**节流降压**　将冷凝器冷凝后的高温高压液态制冷剂节流降压，成为容易蒸发的低温低压的气液混合物，进入蒸发器蒸发，吸收外界热量。

（2）**调节流量**　根据感温包得到的温度信号，膨胀阀能自动调节进入蒸发器的制冷剂流量，以适应制冷负荷不断变化的需要。

（3）**保持一定过热度、防止液击和异常过热**　节流膨胀机构通过流量的调节使蒸发器具有一定的过热度，保证蒸发器总容积的有效利用，避免液态制冷剂进入压缩机引起液击；同时又能控制过热度在一定范围内，防止异常过热现象的发生。

2. 节流膨胀机构的工作原理

当蒸发器出口蒸气温度升高时，感温元件内部制冷剂吸热膨胀压力升高，迫使球阀压缩预紧弹簧使节流阀开度增大，进入蒸发器的制冷剂流量增大，蒸发器制冷量增大，车内空气温度降低。反之，当蒸发器出口蒸气温度降低时，节流阀开度减小，制冷剂流量减小，蒸发器制冷量减少，车内空气温度将升高。

膨胀阀的结构形式有：F 型膨胀阀（分外平衡热力膨胀阀、内平衡热力膨胀阀两种）、H 型膨胀阀和膨胀节流管（孔管），如图 5-16~ 图 5-18 所示。

图 5-16　F 型膨胀阀

图 5-17　H 型膨胀阀

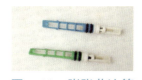
图 5-18　膨胀节流管

(五) 储液干燥器及液气分离器

压缩机转速的变化将使系统中制冷剂流量发生变化；封闭的管路系统使得实际的制冷剂流量又是固定的。为了解决工作时制冷剂流量变化的需要，系统中安装了储液干燥器或液气分离器，如图 5-19 所示。

储液干燥器用于以膨胀阀为节流装置的系统中，主要作用是储存制冷剂、吸收制冷剂中的水分及过滤制冷剂中的杂质，安装在冷凝器和膨胀阀之间，如图 5-20 所示。

储液干燥器一般都是密封焊死的钢质或铝质压力容器，由外壳、视液镜、安全熔塞和管插头等组成。

对于孔管系统采用一种名为积累器的储液器，又名液气分离器、集液器。液气分离器是膨胀节流管空调系统的重要部件。用膨胀节流管代替膨胀阀时，汽车空调制冷系统要在低压侧安装集液器，它安装在蒸发器与压缩机之间的管路上，如图 5-21 所示。

图 5-19 储液干燥器

图 5-20 储液干燥器安装位置

图 5-21 液气分离器的安装位置

液气分离器是一种特殊形式的储液干燥器，其结构如图 5-22 所示。罐内除有干燥剂、滤清器外，它的出气管为 U 形，出气管的吸入口在容器的顶部，并被一个塑料杯盖在上面，以改善液气分离效果。

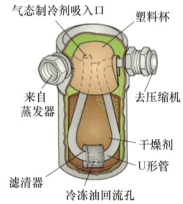

图 5-22 液气分离器的结构

二、制冷系统的分类

（1）按压缩机驱动方式分类 可分为独立式和非独立式两种。

（2）按空调蒸发器的布置方式分类 由于汽车的形状与空间的不同，而汽车空调为了取得较好的制冷与美观效果，产生了各种布置方式。

1）仪表板式。蒸发器布置在仪表板下方的中间或一侧。

2）顶置式。顶置式又分为车内顶置式与车外顶置式。

3）下置式。蒸发器置于汽车中部地板下或后座地板下，多用于大型客车上。

（3）按节流装置分类　可分为热力膨胀阀制冷系统和节流膨胀管制冷系统两种。

（4）按控制方式分类　可分为手动空调系统、电控空调系统和全自动空调系统。

三、汽车空调的制冷原理

制冷系统工作时，制冷剂以不同的状态在这个密闭系统内循环流动，制冷循环流程如图 5-23 所示，每个循环为 4 个基本过程。

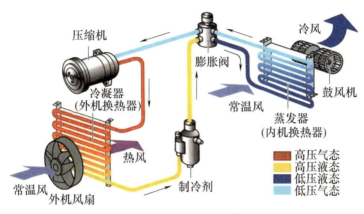

图 5-23　工作过程

1. 压缩过程

压缩机从蒸发器吸入低温低压气态制冷剂，并将其压缩成高温（约 65℃）、高压（约 1300kPa）气态制冷剂送往冷凝器冷却降温。

此过程的作用是压缩增压，以便气体易于液化。压缩过程中，制冷剂状态不发生变化，而温度、压力不断升高，形成过热气体。

2. 冷凝过程

高温高压气态制冷剂由发动机散热器前面的冷凝器散热，将其冷凝成高温（约 55℃）、高压（约 1300kPa）液态制冷剂。

此过程的作用是排热冷凝。冷凝过程的特点是制冷剂的状态发生变化，即在压力、温度不变的情况下，由气态逐渐向液态转变。冷凝后的制冷剂液体是高温高压液体。制冷剂液体过冷，过冷度越大，在蒸发过程中其蒸发吸热的能力也就越大，制冷效果越好，即产冷量相应增加。

3. 膨胀过程

冷凝后的高温高压液态制冷剂经热力膨胀阀节流降压后，将其转变成低温（约零下 5℃）、低压（约 150kPa）的液态制冷剂送入蒸发器。

此过程的作用是使制冷剂降温降压，由高温高压液体，迅速地变成低温低压液体，以利于吸热、控制制冷能力以及维持制冷系统正常运行。

4. 蒸发过程

低温低压液态制冷剂流经蒸发器时，不断吸收车内空气的热量而汽化成低温（约为0℃）、低压（约150kPa）气态制冷剂。

从蒸发器流出的气态制冷剂又被压缩机吸入而进入下一次制冷循环，而后低温低压的制冷剂气体流出蒸发器等待被压缩机再次吸入。此过程的主要作用是蒸发吸热。吸热过程的特点是制冷剂状态由液态变化到气态，此时压力不变，即在定压过程中进行这一状态的变化。

四、制冷剂及冷冻油

（一）制冷剂

1. 制冷剂的作用

制冷剂是空调制冷系统中的"热载体"，在制冷系统中通过自身状态的变化，实现制冷循环。汽车空调是利用蒸气压缩制冷装置和制冷剂循环流动实现制冷的。借助制冷剂的状态变化，达到制冷目的。制冷剂在制冷系统中的作用如同人体的血液一样。

2. 制冷剂的性能特点

1）必须是易于汽化或者蒸发的物质。

2）要求要有较高的相变潜热。

3）不易燃烧和爆炸。

4）对人体无害，但又有特殊气味。

5）有较高稳定性，能反复使用，对金属、橡胶和机油无明显的腐蚀作用。

6）蒸发压力应该比大气压高，以免空气进入制冷系统。

3. 制冷剂的类型

汽车空调压缩机使用的制冷剂，绝大部分都是氟利昂，国际上用英文字母R来表示（取英文制冷剂Refrigerant的第一个字母）。常见制冷剂见表5-1。

表5-1 常见制冷剂

制冷剂名称	名称读音	分子式	沸点	毒性	对臭氧层的破坏	温室效应	可燃性
R12	二氟二氯甲烷	CF_2CL_2	-29.8℃	无	有	有	无
R22	二氟一氯甲烷	CHF_2CL	-35℃	无	有	有	无
R134a	四氟乙烷	$C_2H_2F_4$	-26.48℃	无	无	无	无
R290	丙烷	C_3H_8	—	无	无	无	有
R600a	异丁烷	C_4H_{10}	—	无	无	无	有

4. 汽车专用制冷剂

汽车空调常用的制冷剂有 R12（目前已淘汰）、R134a，如图 5-24 所示。

（二）冷冻油

冷冻油也叫冷冻机油，是制冷压缩机的专用机油，这是一种在高低温工况下均能正常工作的特殊机油，如图 5-25 所示。

图 5-24 汽车空调制冷剂

图 5-25 冷冻油

1. 冷冻油的作用

冷冻油是保证压缩机正常运转的必要条件，保证压缩机正常工作和延长使用寿命。其在空调制冷系统中的作用如下：

1）润滑作用。压缩机是高速运动的机器，轴承、活塞、活塞环、连杆、曲轴等零部件表面需用润滑，减少阻力和磨损，延长使用寿命，降低功耗，提高制冷系数。

2）密封作用。汽车使用的压缩机，都是半封闭式，压缩机输入轴需用油封来密封，防止制冷剂泄漏，有冷冻油，油封才能起密封作用。同时，活塞环的冷冻油不仅起减摩作用，而且起密封压缩蒸气的作用。

3）冷却作用。运动的摩擦表面易产生高温，需要用冷冻油来冷却。冷冻油冷却不足，会引起压缩机温度过热，排气压力过高，降低制冷系数，甚至烧坏压缩机。

4）降低压缩机噪声。

2. 与制冷剂相溶的冷冻油

与制冷剂 R134a 相溶的冷冻油有聚烃基乙二醇（PAG）和聚酯油（ESTER）两大类，见表 5-2。

表 5-2 与 R134a 相溶的冷冻油

类型 性能	PAG	ESTER
与 R134a 互溶性	较好	很好
热稳定性	差	—
吸湿性	差	较差
润滑性	差	较好
与橡胶相溶性	差	差
电绝缘性	差	较好

小知识

R134a 制冷剂的特性

① 热物理性。R134a 的热力学性能包括分子量、沸点、临界参数、饱和蒸气压力和汽化潜热等，均与 R12 相近，并具有良好的不可燃性。

② 传热性能。R134a 制冷剂的传热性能优于 R12，R134a 蒸发和冷凝传热系数比 R12 高出 25% 以上。在换热器表面积不变的条件下，可减少传热温差，降低传热损失；当制冷量或放热量相等时，可减少换热器表面积。

③ 相容性。用 R134a 替代 R12 后，系统需要改变，否则系统将会损坏。

小贴士

制冷剂是溶解冷冻油的，小型制冷设备的冷冻油和制冷剂一起进行循环。不同的制冷设备有不同的排气温度和压力，对冷冻油的性能要求也不尽相同。正确选用冷冻油是非常重要的。

【任务实施】

一、工具设备准备

别克威朗实训车辆、世达120件套装工具、机滤扳手套装、维修手册、制冷剂回收加注机、制冷剂、冷冻油等。

二、任务操作过程

1. 前期准备

1）安装车轮挡块。车轮挡块安装在非驱动轮，安装要贴紧车轮

2）安装垫块

3）安装车内三件套。车内三件套包括转向盘套、座椅套、地板垫

4）打开发动机舱盖，安装左右翼子板布、前格栅布

2. 制冷剂的检漏（目测检漏）

1）观察制冷剂是否泄露，泄露部位常伴有渗油或滴油等现象

2）用带有手套的手在软管上、插头上、部件上擦拭，出现油质斑点就是制冷剂泄露的明显标志

（续）

| 3. 冷凝器的更换 ||

制冷剂的回收

步骤一　前期准备

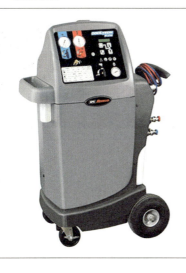	
1）参考维修手册，确定冷冻油型号，添加注油瓶油 ①拧下注油瓶 ②向注油瓶加入适量的冷冻油 ③冷冻油加注完成后，将注油瓶拧上	2）参考维修手册，确定系统制冷剂型号。本设备只能使用一种制冷剂，请不要将制冷剂混合使用 　注意：混合使用制冷剂会损害设备和车辆空调系统（首次使用时，请确保工作罐已经初始化，然后将高压管或低压管通过随机附带的转插头连接到原罐上）

3）接通电源	4）检查制冷剂罐中制冷剂的余量

5）检查油罐内冷冻油油量（大于40mL）	6）检查排油罐剩余空间是否足够

（续）

步骤二　回收制冷剂

	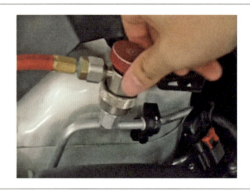
1）按"排气"键，即开始排气2s。2s完成后，按"确认"键继续排气，按"取消"键退出排气	2）将红、蓝色软管上的快速插头连接到汽车空调对应的接口上。红色软管连接空调系统的高压接口，蓝色软管连接空调系统的低压接口

3）打开控制面板上红、蓝色高低压两个阀门（手柄箭头指向左边为开）	4）按"⤶"键，压缩机起动，系统将清理管路，时间为1min（在此过程中按"⊠"系统将退回主界面）。清理管路完成后，开始回收

5）按"❄🚗"键回收制冷剂，通过数字键盘可设定所需的回收重量（高低压表指针在0刻度以下，回收结束）	6）按"⤶"键，进行排油程序

（续）

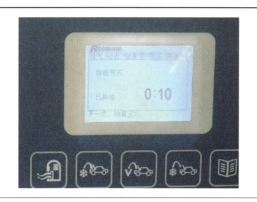	
7）回收所有制冷剂并排油后，空调系统暂时不抽真空	8）取下高低压管插头

步骤三　拆卸冷凝器

1）举升车辆	2）拆卸汽车前格栅架

3）拆卸冷凝器出管口固定螺栓	4）拆卸插接器

5）取下冷凝器出口管	6）拆卸冷凝器进口管固定螺栓

107

（续）

7）拔下连接金属管	8）沿箭头方向按压，拆卸右上方固定凸舌

9）拆卸发动机舱锁	10）取下冷凝器

步骤四　安装冷凝器

	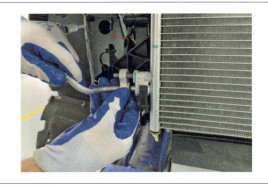
1）将冷凝器放置回原位置	2）安装冷凝器出口管

3）固定冷凝器出口管螺栓	4）安装冷凝器进口管

108

（续）

 5）固定冷凝器进口管螺栓	 6）固定右上方凸舌
 7）固定发动机舱锁	 8）安装前格栅架

步骤五　充注制冷剂

1）连接空调系统高低压管路，按" "键，直到屏幕上出现抽真空状态；通过数字键盘设定所需的抽真空时间；当光标在"15：00"字符处闪动时，选择数字键，程序将切换到抽真空时间设置界面	2）按" "键开始抽真空操作。显示屏上原显示的 mm：ss 值开始计时 注意：运行抽真空前，必须检查压力表。只有在低压小于 0kPa 时才可进行抽真空操作，否则将会损坏真空泵。如果压力大于 0kPa，先运行回收功能

（续）

3）压力表指针继续回落位于黑色区域（压力为 –30~90kPa），说明系统内压力已接近负压，系统抽真空完成	4）按"➡"键，进行保压环节

5）保压 1min，观察高低压表查看系统是否泄漏	6）保压完成后，观察压力表的变化，如果指针没有偏转，说明系统无泄漏。如果泄露请查明泄漏原因并解决，如不泄漏，选择下一步操作
	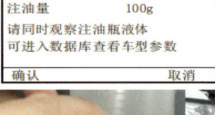 
7）加注冷冻油。保压完成观察压力表不泄漏情况后，按"➡"键，加注冷冻油。采用高压注油法，打开高压阀，关闭低压阀	8）确定注油量，具体根据维修手册进行查询或向零部件生产商咨询。 注意：注油量 = 排油量 +20mL

（续）

![屏幕显示]	
9）按"→"键显示屏显示注油操作	10）二次抽真空（打开低压阀，关闭高压阀）

11）抽真空15min结束，进行充注环节	12）高压加注制冷剂（打开高压阀，关闭低压阀），关闭低压管路连接阀，进行单管加注。按下""键，直到显示屏上显示充注环节
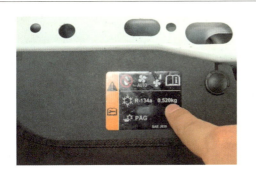	
13）车辆铭牌处查询加注型号及加注量	14）通过数字键盘设定所需的充注重量，设置加注量

15）按"→"，进行制冷剂加注，观察高低压表指针有所偏转	16）管路回收。充注完成后，从车辆上断开高低压快速插头

（续）

17）打开AC350红、蓝色插头，按下"➡"键，根据程序操作进行清理管路流程	18）高压表指针回落，程序结束后按"➡"键退出

19）关闭控制面板上的阀门	

4. 车辆恢复及7S管理

1）拆除车外翼子板布、前格栅布并叠好归位
2）车内三件套环保处理
3）抹布、手套回收处理
4）关闭发动机舱盖、升起车窗玻璃、拔下车辆钥匙、收车轮挡块并归位
5）将注油瓶、排油瓶的废油无害化处理
6）扭力扳手归零、工具清洁归位
7）地面、车辆清洁

【总结及拓展训练】

通过本任务的学习，同学们了解了汽车空调制冷系统的结构、分类、工作原理、制冷剂和冷冻油的相关知识，掌握了检测制冷剂泄露的方法（目测检漏）、制冷剂的回收与加注以及冷凝器的更换方法。本任务与汽车专业领域职业技能等级证书标准中的1-3【汽车电子电气与空调舒适系统技术-模块】—汽车空调系统保养职业技能要求相对应，同学们要勤加练习，为以后考取相应等级的职业技能等级证书打下基础。现有一辆通用雪佛兰科鲁兹汽车的空调系统制冷效果不佳，需要检查系统有无泄漏并更换冷凝器，请同学们根据已学知识并结合该车辆具体情况，完成系统的泄露检查以及冷凝器的更换。

项目五　汽车空调系统

任务三　暖风系统的检查与维护

【任务目标】

1. 了解暖风系统的作用及类型。
2. 掌握暖风系统的工作原理。
3. 熟练掌握暖风系统的检查方法。

【任务描述】

客户王先生的别克威朗轿车冬天起动后，打开暖风系统，空调出风口一直吹出冷风，制热效果不佳，王先生开车来到别克4S店，服务顾问在询问和检查后将车辆交给维修技师，维修技师检查后发现是由于暖风系统的管路出现泄漏造成空调系统采暖效果不佳。下面我们将学习暖风系统的相关知识并按流程进行管路检查。

【知识储备】

一、暖风系统的作用

对车内空气或进入车内的外部空气进行加热的装置，称为汽车暖风系统。目前汽车空调多采用冷暖一体化的装置。通过冷热风的混合，人为设定冷热风量的比例，通过风门开闭和调节，满足人们对舒适性的要求。汽车空调暖风系统的作用可概括为3方面。

（1）冬季供暖　暖风系统可向车内提供暖风，以提高车内的温度，使人感到温暖舒适。

（2）实现冷暖一体化空调　冷暖一体化空调可全年对车内空气温度进行调节，提高乘车的舒适性。

（3）风窗玻璃除霜　暖风系统的热风可用于迅速除霜，通常是在前风窗玻璃下方（仪表板上方）安装有除霜用的暖气吹出口，通过吹出较干燥的热风迅速除去前风窗玻璃上的霜或雾。后风窗玻璃通常装有电热除霜线，通过电加热除霜。有的汽车则是在行李舱中安装热交换器，让暖气通过后面吹风口对后风窗玻璃除霜。

113

二、暖风系统的类型

1. 按所使用的热源不同分类

暖风系统是将某种热源的能量通过热交换装置传递给空气，再通过送风装置把热空气送入车内。按热源不同分以下几种类型。

(1) 水暖式　水暖式是指利用发动机高温冷却液来获取热量，以提高车内温度的暖风系统，也称余热式暖风系统。从发动机出来的冷却液温度在80~90℃左右，让其中一部分冷却液通过加热器来加热空气，并将热风送入车内，以提高车内空气的温度。水暖式采暖的优点是发动机余热得以利用，节约了能源。在轿车、货车和供暖要求不高的大客车上被广泛使用。水暖式暖风系统的不足之处是产热量不稳定，受到发动机工况的影响。

(2) 气暖式　气暖式利用发动机排气系统的热量采暖，因此也属于热式暖风系统。气暖式暖风系统是将发动机排出的废气引入加热器，通过热交换加热空气，并将热风吹入车内升温。气暖式暖风系统多是在风冷发动机或有其他特殊要求的车上使用。

(3) 独立热源式　独立热源式暖风系统是在汽车上设置专门的燃烧装置，通过燃烧燃料（汽油、柴油、煤油、天然气等）发出的热量加热空气，并将热空气送入车内以提高车内的温度，这种暖风系统也称燃烧式暖风系统。这种暖风系统的优点是热源不受汽车运行工况的限制。独立热源暖风系统在客车上有着较多的应用。

(4) 混合式　混合式暖风系统是指在汽车空调系统既有水暖装置，又配置了独立热源式暖风系统。混合式暖风系统综合了水暖式和独立热源式暖风系统的优点。混合式暖风系统汽车空调通常在豪华大客车上使用。

2. 按空气循环方式不同分类

按空气循环方式不同可分为内循环、外循环和混合循环。

一般汽车的暖风机构都与空调的制冷装置合成一体构成冷暖一体化结构的空调装置。如图5-26所示，进入暖风机的空气有三种方式，一种是吸入车内的空气，称为内循环；一种是吸入车外新鲜空气，称为外循环；还有一种是同时吸入车内外两种空气，称为混合循环。

三、暖风系统的工作原理

目前除了少数风冷式发动机的轿车，绝大部分轿车都采用水暖式暖风系统，下面将主要讲授水暖式暖风系统的工作原理。

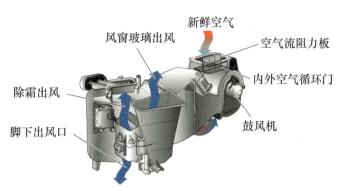

图 5-26 空气循环方式

1. 水暖式暖风系统的组成

水暖式暖风系统主要由加热器芯、鼓风机、热水阀和通风道等组成，如图 5-27 所示。

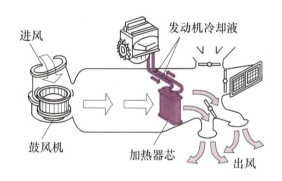

图 5-27 水暖式暖风系统的组成

水暖式暖风系统的热源是发动机冷却液，将发动机冷却后的一部分高温冷却液通过热水阀和加热器软管引入到加热器，加热器通过热交换将冷却液的热量传递给周围空气，并由鼓风机将热空气吹入车内以提高车内的温度。水泵除了使发动机冷却系统的冷却液循环流动，也是水暖式暖风系统冷却液循环的动力。热水阀用于调节加热器的高温冷却液循环流量，以控制加热器的供热量。

2. 水暖式暖风系统的工作原理

水暖式暖风系统的工作原理如图 5-28 所示。发动机起动后，在温度未达到正常工作温度前，节温器关闭水泵与散热器的通道，连通水泵与发动机冷却液出口通道，使发动机冷却液处于小循环状态，由于进入发动机的冷却液温度较高，从而使发动机温度迅速升高。当发动机温度达到正常工作温度（80~90℃）时，节温器接通水泵与散热器的通道，同时关闭水泵与发动机冷却液出口通道，冷却液通过散热器形成大循环。与此同时，部分高温冷却液进入加热器，并通过热传导和热对流将热量传递给周围的空气，再由鼓风机将加热后的空气吹入车内。在加热器中已释放了热量后的中温冷却液由水泵抽回发动机，如此循环进行采暖。

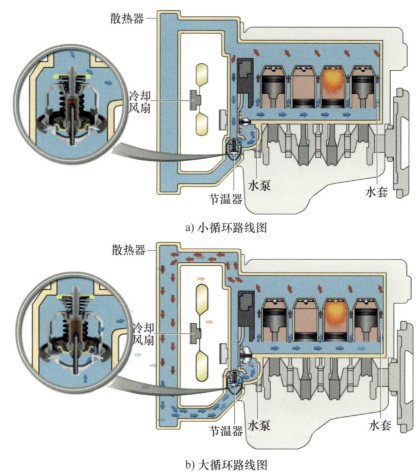

a) 小循环路线图

b) 大循环路线图

图 5-28 水暖式暖风系统的工作原理

3. 水暖式暖风系统部件

（1）加热器　加热器的作用是通过热交换将循环流动的高温冷却液的热量传递给周围的空气，并通过鼓风机将热空气送入车内，以提高车内的温度，如图 5-29 所示。

加热器的热交换部件（也称之为加热器芯）的基本组成与冷凝器、蒸发器相似，也是由管子与散热片组成，其结构形式也有管片式和管带式等。

当高温冷却液流进加热器管时，通过管壁和散热片的热传导，将热量传递给加热器外表面周围的空气，再通过鼓风机的强制热对流，使车内的温度升高。

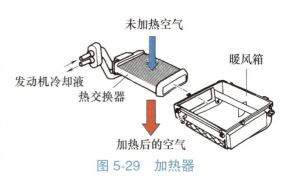

图 5-29 加热器

（2）热水阀　热水阀也称热水开关，装在加热器入水管前，用于通断热水通道和调节流入加热器高温冷却液的流量，通过热水阀可打开或关闭暖气，并可调节进入车内热空气的温度。热水阀的操控方式有拉索控制式和真空控制式两种，如图 5-30 所示。

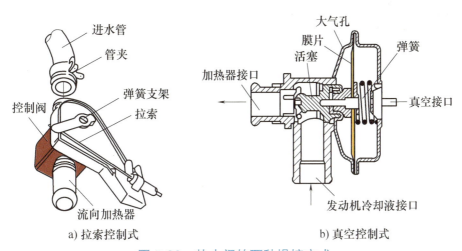

图 5-30　热水阀的两种操控方式

1）拉索控制式热水阀，通过其弹簧保持在关闭状态，靠拉索拉动摇臂使阀打开，拉索控制式热水阀在手动式空调系统中使用。当需要采暖时，采暖操控装置使真空膜片盒的右空腔连接真源，真空吸力作用于膜片右侧，使膜片克服弹簧力右移，并带动活塞一起右移使热水阀打开。当需要停止采暖时，采暖操控装置切断真空源，膜片在弹簧压力作用下左移，并带动活塞左移而关闭冷却液通路，加热器无高温冷却液循环流动而不产生暖气。

2）真空控制式热水阀膜片盒内有膜片、弹簧和真空接口，膜片左边通大气，右边有弹簧并连接真空管，真空来自发动机进气歧管或真空罐。真空控制式热水阀也可在手动式空调系统中使用，也适用于自动空调系统。

（3）鼓风机　鼓风机由电动机和风扇组成，如图 5-31 所示，其作用是将加热器表面的热空气吹入车内，以提高车内的温度。鼓风机通常安装在有通风通道和风门的壳体内，与同样安装在壳体内的加热器一起组成了暖风装置。

（4）加热器芯　加热器芯由管子和散热片等构成。新式的加热器芯的管道上有凹坑，可改善热量输出性能。

加热器芯的形状与散热器相似，如图 5-32 所示。如前所述，当热水阀打开时，加热后的发动机冷却液部分流经加热器芯，以便为车厢内乘员提供所需的热空气。

（5）恒温器（节温器）　恒温器也称节温器，如图 5-33 所示。一般安装在发动机冷却液的出口处，感温元件在发动机冷却水套中感应发动机内冷却液的温度。目前恒温器大都使用石蜡式恒温器。

图 5-31　鼓风机　　　　图 5-32　加热器芯　　　　图 5-33　节温器

（6）出风口及系统软管通道　在整个汽车空调系统中，风道和出风口组成空调的通风系统，担负着将经过处理（温度调节、湿度调节、净化）的气流送到汽车驾驶舱内，以完成驾驶舱内通风、制冷、加热、除霜除雾、净化空气等的功能，如图 5-34 和图 5-35 所示。

风道与出风口是空调系统中制冷和制热空气的通道。空调出风口的布置、大小、形式直接影响到车内气流速度和流动方向等，从而对空调系统性能、车内安静程度、乘客舒适性有相当重要的影响。

对不同的车型，出风口的数量及位置也会不同。普通带两排座位的汽车，配有前排头部出风口、脚部出风口、前吹窗出风口和侧吹窗出风口。一些档次较高的车，为了照顾后排乘客的舒适性，往往会增配后排头部出风口和后排脚部出风口，一些三排座位的旅行车或更多排座位的大型车，往往还需增配第三排出风口或更多的出风口。

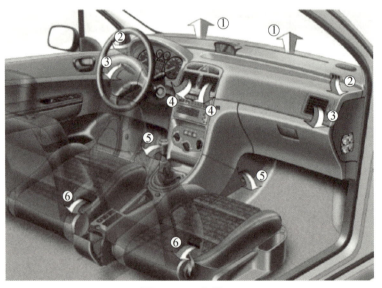

图 5-34　出风口

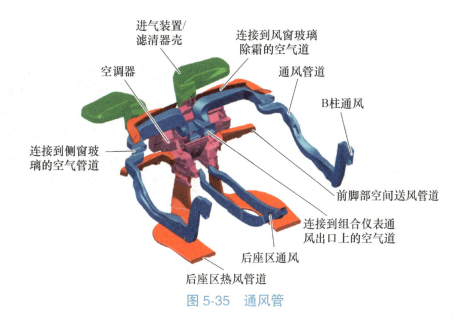

图 5-35 通风管

【任务实施】

一、工具设备准备

别克威朗实训车辆、车轮挡块、手电筒、车内三件套和车外三件套等。

二、任务操作过程

1. 前期准备	
 1）安装车轮挡块。车轮挡块安装在非驱动轮，安装要贴紧车轮	 2）安装垫块
 3）安装车内三件套。车内三件套包括转向盘套、座椅套和地板垫	 4）打开发动机舱盖，安装左右翼子板布、前格栅布

扫一扫

暖风系统的检查与维护

（续）

2. 检查暖气系统的软管和管路	
 1）起动车辆，预热 5min	 2）观察冷却液温度表，冷却液温度大于 60℃
 3）举升车辆	 4）观察暖风水管是否泄漏
3. 车辆恢复及 7S 管理	
1）拆除车外翼子板板布、前格栅布并叠好归位 2）车内三件套环保处理 3）抹布、手套回收处理 4）关闭发动机舱盖，升起车窗玻璃，拔下车辆钥匙，收车轮挡块并归位 5）地面、车辆清洁	

【总结及拓展训练】

通过本任务的学习，同学们了解了暖风系统的相关知识，掌握了水暖式暖风系统的工作原理，掌握了暖风系统管路的检查方法。本任务与汽车专业领域职业技能等级证书标准中的 1-3【汽车电子电气与空调舒适系统技术 - 模块】—汽车空调系统保养职业技能要求相对应，同学们要勤加练习，为以后考取相应等级的职业技能等级证书打下基础。现在我们已经检查出发动机冷却和暖气系统管路的泄漏位置，请同学们根据已学知识并结合车辆具体情况，进行管路更换。

任务四 空调过滤系统的检查与维护

【任务目标】

1. 了解汽车空调通风的作用及方式。
2. 熟练掌握空调滤清器滤芯的更换。

【任务描述】

客户王先生的别克威朗汽车已经行驶了 10000km，在开启通风换气时，经常闻到一股异味，王先生开车来到别克 4S 店。服务顾问在询问和检查后将车辆交给维修技师，维修技师检查后发现空调滤清器需要更换，下面我们将学习汽车空调过滤系统的相关知识并按流程完成空调滤清器滤芯的更换。

【知识储备】

一、汽车空调的通风与净化

汽车车厢空间较小，长时间关闭门窗行驶后，车厢内不但缺氧，而且充满了多种有害气体，不仅降低了舒适性，而且对人体健康带来伤害。为此通过通风装置引入新鲜空气以及通过吸附和过滤消除有害气体。

1. 汽车空调的通风方式

通风装置的作用是在汽车运行中从车外引入一定量的新鲜空气，并将车内的污浊空气排出车厢外，同时还可以防止风窗玻璃起雾。通风装置的通风方式一般有自然通风、强制通风和综合通风三种方式。

（1）自然通风　自然通风也称动压通风，它是利用汽车行驶时对车身外部所产生的风压为动力，在适当的地方开设进风口和排风口，以实现车内的通风换气。因此，轿车的进风口设在车窗的下部正风压区，而排风口设置在轿车尾部负压区。

最自然的通风就是开风窗或天窗。利用车身结构的自然通风，在车身内外壁面上开设进出风口，利用车辆行驶时产生的风压，如图 5-36a 所示。将外部空气引入车内循环后再排出，空气的入口设在正压区，出口设在负压区，形成空气的自然流动，如图 5-36b 所示。

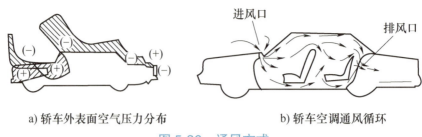

a) 轿车外表面空气压力分布　　b) 轿车空调通风循环

图 5-36　通风方式

进、排风口设置必须保证车内空气略有正压,即使车内空气压力略高于外界大气压力,这样才能防止有害气体进入车内而危害身体健康。

(2) **强制通风**　强制通风是利用鼓风机强制将车外空气送入车厢内进行通风换气。这种方式需要能源和设备,在备有冷暖气设备的车辆上大多采用通风、供暖和制冷的联合装置。

强制通风实质就是利用风机强行引入外部的新鲜空气。如果气源门处于外循环位置,开动鼓风机抽气,就是最典型的强制通风,如图 5-37 所示。

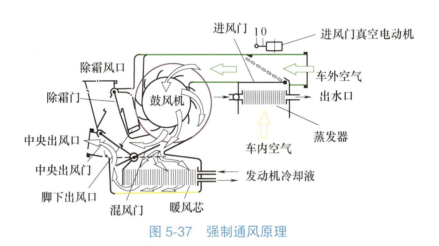

图 5-37　强制通风原理

(3) **综合通风**　综合通风是指一辆汽车上同时采用自然通风和强制通风。采用综合通风系统的汽车比单独采用强制通风或自然通风的汽车结构要复杂得多。最简单的综合通风系统是在自然通风的车身基础上,安装强制通风扇,根据需要可分别使用或同时使用。

2. 汽车空调的净化装置

汽车在公路上行驶时,车外空气中含有各种悬浮粉尘。悬浮粉尘主要有固体物质破碎形成的固体颗粒、汽车尾气排出的一氧化碳、氮氧化合物等有害气体。车内循环空气受到人的活动影响,如人体呼出的二氧化碳、身体散发出的汗味等,这些都影响人体的健康,降低了空调的舒适性。因此,汽车空调净化的目的就是除去这些有害气体及粉尘,使车内保持清洁舒适的空气环境。

汽车空调系统采用的空气净化装置通常有空气过滤式和静电集尘式两种。前者是在空调系统的送风和回风口处设置空气滤清装置，它仅能滤除空气中的灰尘和杂物，因此，结构简单，只需定期清理过滤网上的灰尘和杂物即可，故广泛用于各种汽车空调系统中。后者则是在空气进口的滤清器后再设置一套静电集尘装置或单独安装一套用于净化车内空气的静电除尘装置。它除具有过滤和吸附烟尘等微小颗粒的杂质作用外，还具有除臭、杀菌、产生负氧离子以使车内空气更为新鲜洁净的作用。由于其结构复杂、成本高，多用于高级轿车和旅行车上，如图 5-38 所示。

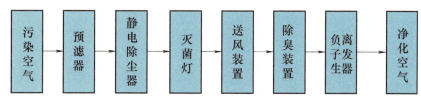

图 5-38　汽车空调的净化装置

（1）静电集尘式空气净化装置的空气净化过程

1）预滤器用于过滤大颗粒的杂质。

2）静电集尘器则以静电集尘方式把微小的颗粒、尘埃、烟灰及汽车排出的气体中含有的微粒吸附在集尘板上。

3）灭菌灯用于杀死吸附在集尘板上的细菌，它是一只低压水银放电管，能发射出波长为 353.7nm 的紫外线光，其杀菌能力约为太阳光的 15 倍。

4）除臭装置用于除去车厢内的油料及烟雾等气味，一般采用活性炭滤清器、纤维式或滤纸式空气滤清器来吸附烟尘和臭气等有害气体。

（2）过滤除尘　主要采用由无纺布、过滤纤维等组成的干式纤维滤清器对空气进行过滤除尘。汽车空调中，一般选用直径约为 10μm 的中孔聚氨酯泡沫塑料、化纤无纺布和各种人造纤维作滤芯，如图 5-39 所示。

图 5-39　空调滤芯

（3）静电除尘　静电除尘是利用高压电极产生高压电场，对空气进行电离，使尘粒带电，然后在电场作用下产生定向运动，沉降在正负电极上而实现对空气的过滤除尘。静电式净化器的工作原理如图 5-40 所示，它由电离部、集尘部和活性炭吸附器三部分组成。

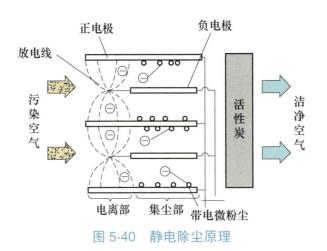

图 5-40　静电除尘原理

二、空调异味的诊断与清除

1. 异味诊断

异味诊断见表 5-3。

表 5-3　异味诊断表

步骤	操作	是	否
	定义：通过暖风、通风与空调系统发出或发觉的异味		
1	是否根据"症状"或其他故障诊断表的指示来执行该诊断	转至步骤 2	转至症状—HVAC 系统（供热通风与空气调节系统）—自动、症状—HVAC 系统—手动
2	1）坐在车内 2）关闭所有车门和车窗 3）起动发动机 4）使发动机在正常工作温度下怠速 5）选择最大鼓风机转速 6）选择"PANEL（隔音板）"送风模式 7）选择最冷温度设置 8）在所有鼓风机转速、模式以及温度下循环运行，确定出现的是以下哪种气味 • 霉味　• 冷却液气味　• 机油味 气味是否有霉味	转至步骤 3	转至步骤 8
3	检查暖风、通风与空调系统滤清器和进气口格栅是否有碎屑。参见乘客厢空气滤清器的更换 是否有碎屑存在	转至步骤 4	转至步骤 5
4	清除所有碎屑 是否完成操作	转至步骤 15	—
5	检查地毯是否潮湿	转至步骤 6	转至步骤 14
6	检查是否存在如下情况： • 风窗玻璃四周漏水 • 暖风、通风与空调系统模块排水管堵塞 • 车门密封件四周有泄漏	转至步骤 7	转至步骤 14

(续)

步骤	操作	是	否
7	必要时修理泄漏 修理是否完成	转至步骤 15	—
8	异味是否有冷却液味	转至步骤 9	转至步骤 12
9	检查冷却系统是否有泄漏。参见冷却液流失 是否有泄漏存在	转至步骤 10	转至步骤 12
10	检查车内是否有冷却液泄漏或风窗玻璃上是否积有一层膜 该故障是否仍出现	转至步骤 11	转至步骤 15
11	更换加热器芯。参见加热器芯的更换 修理是否完成	转至步骤 15	—
12	异味是否有机油味	转至步骤 13	转至步骤 15
13	1. 检查发动机舱是否有泄漏。参见以下程序： • 机油泄漏的诊断，对于发动机 • 油液泄漏的诊断，对于 6T30 变速器 • 油液泄漏的诊断，对于 7T35 变速器 2. 维修任何机油泄漏 修理是否完成？	转至步骤 15	—
14	霉味可能由积聚在蒸发器上或暖风、通风与空调系统模块内部加热器芯上的霉菌导致。参见异味的清除 是否完成操作	转至步骤 15	—
15	运行系统，检验修理效果 是否发现并排除故障 系统正常	转至步骤 2	—

2. 异味的清除

在高温潮湿的环境下起动车辆时，空调系统开始时可能会有气味放出。以下情况可能产生异味：HVAC 模块内有碎屑；蒸发器芯上有微生物繁殖。

当鼓风机电动机风扇起动时，因微生物繁殖而产生难闻的霉味释放到乘客厢内。为了清除这类气味，必须消除微生物的繁殖，按以下步骤清除空调系统的异味。

1）确保将外界空气吸入 HVAC 模块中的集气室内时没有碎屑。

2）断开空调压缩机离合器线圈电气插接器，使离合器无法工作。

3）按照以下步骤，干燥蒸发器芯：

① 起动发动机。

② 选择最高温度设置值。

③ 选择再循环模式。

④ 让鼓风机电动机高速运转 10min。

⑤ 在鼓风机电动机和蒸发器芯之间的 HVAC 模块壳体中确定一个部位。

⑥ 在不损坏鼓风机电动机、蒸发器芯以及系统中相关部件的情况下，用 3.175mm 的标准钻头钻一个的孔。

⑦ 戴好安全护目镜和橡胶手套，执行以下操作：

A. 选择最大鼓风机速度。

B. 将除臭器的加长管插入孔中，一直插到加长管上的标记处。

C. 采用短距离喷射，并且隔 2~3min 就改变喷射方向。

⑧ 关闭发动机，将车辆停放 3~5min。

⑨ 用车身密封胶或室温硫化衬垫复合材料密封钻孔。

⑩ 起动发动机。

⑪ 高速运行鼓风机电动机 15~20min 以进行干燥，将钻孔密封胶进行干燥。

⑫ 重新连接空调压缩机离合器线圈电气插接器。

⑬ 确认离合器运行正常。

扫一扫
空调过滤系统的检查与维护

【任务实施】

一、工具设备准备

别克威朗实训车辆、世达 120 件套装工具、抹布、手套、车内三件套、工具车、空调滤芯等。

二、任务操作过程

1. 前期准备	
 1）安装车轮挡块。车轮挡块安装在非驱动轮，安装要贴紧车轮	 2）安装垫块

（续）

 3）安装车内三件套。车内三件套包括转向盘套、座椅套和地板垫	 4）打开发动机舱盖，安装左右翼子板布、前格栅布

2. 查找空调系统异味	
 1）起动车辆，打开空调，风速最大，闻有无异味	 2）用风速计检查出风口风速，正常风速应大于5m/s，如果小于此值，说明空调滤清器堵塞

3）查阅用户手册，查看是否需要更换空调滤清器，正常车辆每行驶10000km，需要更换空调滤清器

3. 空调滤芯的更换	

步骤一　拆卸程序

 1）拆卸仪表板储物箱，松开储物箱固定螺栓	 2）取下储物箱

（续）

3）松开进气口壳体盖	4）取下空调滤清器的滤芯

步骤二　安装程序

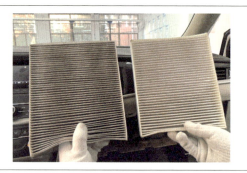	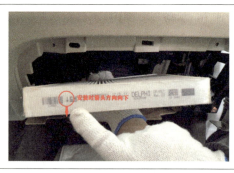
1）取出新的空调滤清器滤芯	2）按照图示箭头方向向下，放入空调滤清器的滤芯

3）正确安装空调滤清器的滤芯	4）安装进气口壳体盖

5）固定储物箱固定螺栓	6）安装储物箱

（续）

7）更换后进行复查，打开空调，调节风速最大，闻有无异味

8）使用风速计复查风速，此时更换空调滤清器滤芯后，风速应大于5m/s

4. 车辆恢复及 7S 管理

1）车内三件套环保处理
2）抹布、手套回收处理
3）关闭发动机舱盖，拆除排烟套
4）拔下车辆钥匙，收举升机垫块并归位
5）扭力扳手归零、工具清洁归位
6）车辆、地面清洁

【总结及拓展训练】

通过本任务的学习，同学们了解了汽车空调通风作用及方式，掌握了空调滤清器滤芯的更换方法。本任务与汽车专业领域职业技能等级证书标准中的 1-3【汽车电子电气与空调舒适系统技术 - 模块】—汽车空调系统保养职业技能要求相对应，同学们要勤加练习，为以后考取相应等级的职业技能等级证书打下基础。现有一辆雪佛兰科鲁兹汽车有异味，请同学们根据已学知识并结合该车辆具体情况，查找异味源，并更换空调滤清器滤芯。

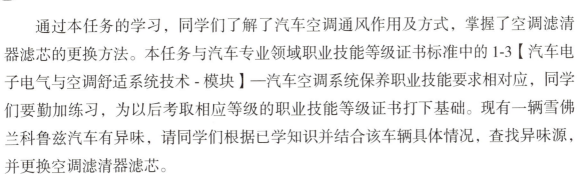

一、填空题

1. 冷凝器将_____态制冷剂转化成高温高压的_____态制冷剂。
2. F 型热力膨胀阀又分为_____和_____两种。
3. 压缩机的作用是_____、_____、_____。
4. 汽车空调典型配气方式有_____和_____两种。
5. 蒸发器有_____、_____和_____类型。

二、简答题

1. 简述制冷系统的制冷原理。

2. 汽车空调系统由哪几部分组成?

3. 简述全自动空调的工作过程。

4. 简述汽车空调系统的常规检查项目有哪些。

5. 简述静电集尘式空气净化装置的空气净化过程。

项目六　汽车辅助电器系统

【项目描述】

本项目主要介绍电动座椅、电动车窗、刮水器系统、电动后视镜以及中控门锁的作用、组成及工作原理，技能任务包括电动座椅的调节及检查，电动车窗开关的拆装及检查，刮水片的更换，电动后视镜的调节以及中控门锁功能的检查。通过本项目的学习，学生可以掌握汽车辅助电器系统的知识要点，并能完成汽车专业领域职业技能等级证书标准中汽车舒适系统检查保养的技能操作任务。

任务一　电动座椅系统的检查与维护

【任务目标】

1. 了解电动座椅的类型及结构。
2. 熟练掌握电动座椅的检查方法。

【任务描述】

本任务以雪佛兰科鲁兹 2015 款汽车为例，同学们将学会电动座椅滑道的清洁润滑以及电动座椅多方向调节方法。

【知识储备】

一、电动座椅的类型

在一些高级轿车中，乘客的电动座椅控制系统依靠电力可实现座椅滑行、倾斜的调整；驾驶人的电动座椅控制系统不仅可实现座椅滑行、倾斜的调整，还可以实现前垂直、后垂直、头枕和腰垫位置的调整，有的还具有位置存储功能。

电动座椅的类型根据分类方式的不同可分为以下几种：

1. 根据使用电动机的数量分类

根据使用电动机的数量，电动座椅可分为单电动机式、双电动机式、三电动机式和四电动机式等。

（1）**单电动机式** 只能对电动座椅的前后两个方向进行调整。

（2）**双电动机式** 可对电动座椅的4个方向进行调整，不仅前后两个方向的位置可以移动，其高低也可以进行自动调整。

（3）**三电动机式** 可以对电动座椅的6个方向进行调整，不仅能向前后两个方向移动，还可分别对座椅的前部和后部的高低进行调整。

（4）**四电动机式** 调整功能除了具有以上三电动机式的调整功能外，还可对靠背的倾斜度进行调整。

电动座椅装用的电动机最多可达8个，除了保证上述基本运动外，还可对头枕高度、座椅长度和扶手的位置进行调整。

2. 根据有无加热器分类

根据有无加热器，电动座椅可分为无加热器式和有加热器式两种。有加热器式电动座椅可在冬季寒冷的时候对座椅的坐垫进行加热，以使驾驶人或乘客乘坐更舒适。

3. 根据有无存储功能分类

根据有无存储功能，电动座椅可分为无存储功能和有存储功能两种。有存储功能的电动座椅可将每次驾驶人或乘客调整电动座椅后的数据存储下来，作为以后重新调整座椅位置时的基准。

此外，在座椅中还附加了一些特种功能的装置，如在气垫座椅上使用电动气泵，对各个专用气囊（腰椎支撑气囊、侧背支撑气囊、座位前部的大腿支撑气囊）进行充气，起到调节支撑腰椎、侧背、大腿的作用。具有8种功能的电动座椅如图 6-1 所示，具有全方位可调节功能的电动座椅如图 6-2 所示。

图 6-1 具有 8 种功能的电动座椅

1—座椅前后调节　2—靠背倾斜调节
3—座椅上下调节　4—靠枕上下、前后调节
5—座椅前部支撑调节　6—侧背支撑调节
7—腰椎支撑气垫调节

二、电动座椅的组成

电动座椅主要由座椅开关和位置传感器、电子控制器、执行机构的电动机三大部分组成。开关和位置传感器包括座椅各位置（头枕、靠背、腰部、滑动、前垂直、后垂直）的电动机开关、座椅各位置传感器、安全带扣环传感器及转向盘倾斜传感器等；电子控制器包括转向柱倾斜与伸缩控制器和电动座椅控制器；执行机构主要包括座椅调整、安全带扣环及转向盘倾斜调整的电动机等，而且这些电动机均可灵活地进行正反转，以执行各种装置的调整功能。

图 6-2　具有全方位可调节功能的电动座椅

1—座椅前后移动调节　2—靠背倾斜度调节　3—靠背上部调节　4—靠枕前后调节　5—靠枕上下调节　6—侧背支撑调节　7—腰椎支撑气垫调节　8—座椅前部支撑调节　9—座椅高度调节

1. 电动座椅的组成

（1）位置传感器　位置传感器主要是用来检测座椅的各种位置，其结构如图6-3所示。主要由齿轮、滑块和螺旋杆（可变电阻器）组成，其工作原理和一般电位传感器相似。螺旋杆由电动机通过齿轮驱动旋转，并带动滑块在电阻器上滑动，从而使输出电压信号发生变化。电控单元根据此电压信号决定座椅的位置。只要座椅位置调定后，驾驶人按下存储和复位开关，电控单元就把这些电压信号存储起来，作为重新调整位置时的基准。

（2）手动调节开关　主要是用来调整座椅的各种位置。当按下此开关后，电控单元就会控制相应电动机运转，按照驾驶人的要求调整座椅的位置。

（3）存储和复位开关　主要是用来存储或恢复驾驶人已经调整好的座椅位置。只要按下此按钮，就能按存储的各个座椅位置的要求调整座椅的位置。

（4）电子控制器及其控制　电子控制器主要用来控制靠手动调节的座椅调节装置，也能根据转向柱倾斜与伸缩ECU、位置传感器等送来的信号存储座椅位置。

座椅进行调整时，由手动调节开关通过电控单元控制调整量，然后利用存储和复位开关控制某一位置的数据存储；座椅位置信号取自电阻器上的电压降。根据每个自由度上的电动机驱动座椅，从而使电阻器随动。根据电阻器的电压降，控制单元识别座椅的运动机构是否到达"死点"，如果到达"死点"位置时，电控单元及时切断供电电源，保护电动机和座椅驱动机构。

（5）电动机　电动座椅大多采用永磁式电动机驱动，并通过装在座位侧板上或门扶手上的控制开关来控制电路通路和电流方

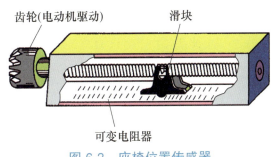

图 6-3　座椅位置传感器

向，使某一电动机按所需的方向运转，以达到调整座椅的目的。

为了防止电动机过载，大多数永磁式电动机内装有热过载保护断路器。有些电动座椅采用串励电动机驱动，并装有两个磁场线圈，使其可作双向运转。这种电动机多使用继电器控制电流方向，当开关换向时，可听到继电器动作的"咔嗒"声。

2. 电动座椅的控制电路

1) 无存储功能的电动座椅的典型结构主要由座椅本体、座椅调节器开关、座椅调节器和调节器电动机等组成，其控制电路如图6-4所示。

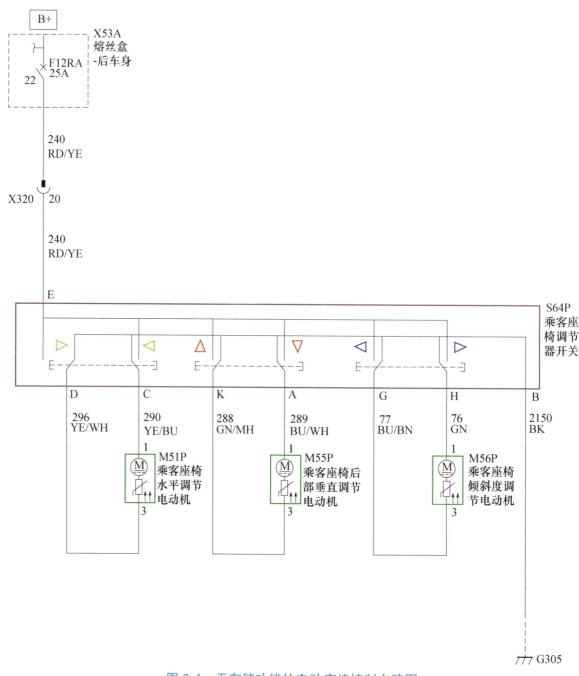

图6-4 无存储功能的电动座椅控制电路图

2）有存储功能的电动座椅多采用6向调整方式，这种系统除具有改变座椅的前后、高低、靠背斜度位置的电子驱动装置外，还设了一个具有存储功能的电子控制装置，该装置只要一按按钮，就能按存储的各个座椅位置的要求调整位置。如图6-5所示是一种典型的电子控制可调座椅结构原理框图，它有4个电动机用来调整座椅，还有一个单独的存储器存储4个座椅的位置。

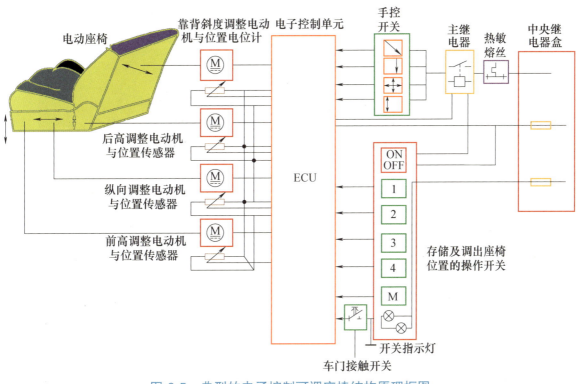

图 6-5　典型的电子控制可调座椅结构原理框图

【任务实施】

一、工具设备准备

2015款科鲁兹实训车辆、毛刷、抹布、车内三件套和车外三件套等。

二、任务操作过程

1. 前期准备	

1）安装车轮挡块	2）安装排烟套

扫一扫

电动座椅系统的检查与维护

（续）

3）安装车内三件套	4）安装车外三件套

5）检查机油、冷却液	6）检查蓄电池电压

2. 电动座椅滑道的检查、清洁

1）检查电动座椅滑道变形情况	2）清洁电动座椅滑道

3. 电动座椅开关功能的检查

1）起动车辆	2）调节电动座椅前后位置

3）调节电动座椅上下位置	4）调节电动座椅靠背位置

（续）

5）调节电动座椅头枕位置	
4. 车辆恢复及 7S 管理	

1）拆除车外翼子板布、前格栅布并叠好归位
2）车内三件套环保处理
3）抹布手套回收处理
4）关闭发动机舱盖，升起车窗玻璃，拔下车辆钥匙，收车轮挡块并归位
5）工具清洁归位
6）地面、车辆清洁

 【总结及拓展】

本任务学习了电动座椅的功能及工作原理，掌握了电动座椅的控制方式，熟练掌握了电动座椅导轨和调整检查方法。本任务与汽车专业领域职业技能等级证书标准中的 1-3【汽车电子电气与空调舒适系统技术 - 模块】—汽车舒适系统检查保养职业技能要求相对应，同学们要勤加练习，为以后考取相应等级的职业技能等级证书打下基础。

任务二　电动车窗系统的检查

 【任务目标】

1. 了解电动车窗的作用、结构及工作原理。
2. 熟练掌握电动车窗基本功能检查和开关的拆装方法。

 【任务描述】

本任务以别克威朗 2017 款汽车为例，同学们将学会电动车窗基本功能的检查和电动车窗开关的拆装。

【知识储备】

一、汽车玻璃升降器

汽车门窗玻璃不但要满足驾驶人有足够的视野，以保证行车安全；同时，为满足乘坐舒适性，玻璃的位置经常需要调整，因而玻璃调整的范围与操纵的灵活方便就成为重要的性能指标。保证汽车玻璃灵活调整的机构就是玻璃升降器，它也是汽车安全和舒适系统的重要部件之一。

1. 汽车玻璃升降器的工作原理

汽车行业标准 QC/T 626—2008《汽车用玻璃升降器》中对于玻璃升降器是这样定义的："玻璃升降器是指按某种驱动方式将汽车车窗玻璃沿玻璃导向槽升起或下降，并能停留在任意位置的装置"。考虑到一些特殊的玻璃调整装置（如某些轿车可调开度的三角窗玻璃、太阳顶窗等），应称其为玻璃调整器才更为确切。由于玻璃的位置调整多为上下运动，故通常称之为玻璃升降器。

2. 汽车玻璃升降器的分类

1）汽车玻璃升降器按照传动结构分为臂式玻璃升降器、揉式玻璃升降器、丝杠式玻璃升降器。

臂式玻璃升降器分为单臂式和双臂式。双臂式分为交叉臂式和平行臂式。

揉式玻璃升降器分为绳轮式升降器、带式升降器和软轴式升降器。

2）汽车玻璃升降器按照操纵方式分为手动玻璃升降器、电动玻璃升降器和液动玻璃升降器。

各种玻璃升降器均需通过某种形式的驱动机构以实现对玻璃运动位置的调整。对于玻璃为上下运动的玻璃升降器而言，当玻璃上升时，通过该机构将玻璃提升至需要的位置；而玻璃下降时，则可依靠玻璃自身的重力作为动力，此时驱动机构主要起限位及减缓作用。但由于实际上玻璃下降运动过程中需克服与密封件（导槽、封口胶条等）间的摩擦及传动机构中的阻力等，因此玻璃升降器也起一部分驱动作用，以保证车窗玻璃的稳定移动。

3. 汽车玻璃升降器的结构

汽车玻璃升降器一般由以下几部分组成：操纵机构（摇臂或电动控制系统）、传动机构（齿轮、齿板或齿条，齿轮软轴啮合机构）、玻璃升降机构（升降臂、运动托架）、玻璃支承机构（玻璃托架）及止动弹簧、平衡弹簧。玻璃升降器的基本工作路线为操纵机构→传动机构→升降机构→玻璃支承机构。其中平衡弹簧用以平衡玻璃的重力，以减轻操纵力；装在小齿轮与支承座间的止动弹簧用以定住玻璃（止动），

汽车电气设备构造与检修

任务工单及考核评价 （书证融通版）

班级 _____

姓名 _____

学号 _____

机械工业出版社

目　录

项目一　安全工作 ··· 1
　　任务工单一　安全防护 ·· 1
　　考核评价一　安全防护 ·· 2
项目二　汽车电气系统基础知识 ··· 3
　　任务工单一　汽车电气一般维修 ·· 3
　　考核评价一　汽车电气一般维修 ·· 4
　　任务工单二　汽车电路图识读 ·· 5
　　考核评价二　汽车电路图识读 ·· 7
项目三　汽车电源系统和起动系统 ··· 8
　　任务工单一　蓄电池的检查与维护 ·· 8
　　考核评价一　蓄电池的检查与维护 ·· 10
　　任务工单二　充电系统的检查与维护 ·· 11
　　考核评价二　充电系统的检查与维护 ·· 12
　　任务工单三　起动系统的检查与维护 ·· 13
　　考核评价三　起动系统的检查与维护 ·· 14
项目四　汽车仪表系统和照明系统 ··· 15
　　任务工单一　汽车仪表系统的检查与拆装 ·· 15

  考核评价一 汽车仪表系统的检查与拆装 ··· 17
  任务工单二 汽车照明信号系统的检查与维护 ··· 18
  考核评价二 汽车照明信号系统的检查与维护 ··· 19

项目五 汽车空调系统 ·· 20
  任务工单一 汽车空调的使用与维护 ··· 20
  考核评价一 汽车空调的使用与维护 ··· 21
  任务工单二 制冷系统的检查与维护 ··· 22
  考核评价二 制冷系统的检查与维护 ··· 23
  任务工单三 暖风系统的检查与维护 ··· 24
  考核评价三 暖风系统的检查与维护 ··· 25
  任务工单四 空调过滤系统的检查与维护 ··· 26
  考核评价四 空调过滤系统的检查与维护 ··· 27

项目六 汽车辅助电器系统 ·· 28
  任务工单一 电动座椅系统的检查与维护 ··· 28
  考核评价一 电动座椅系统的检查与维护 ··· 29
  任务工单二 电动车窗系统的检查 ··· 30
  考核评价二 电动车窗系统的检查 ··· 32
  任务工单三 刮水器系统的检查与维护 ·· 33
  考核评价三 刮水器系统的检查与维护 ·· 34
  任务工单四 电动后视镜系统的检查与维护 ·· 35
  考核评价四 电动后视镜系统的检查与维护 ·· 36
  任务工单五 中控门锁系统的检查与维护 ··· 37
  考核评价五 中控门锁系统的检查与维护 ··· 38

项目一　安全工作

任务工单一　安 全 防 护

操作时间：	min				
组长初评：□合格　□不合格			教师复评：□合格　□不合格		
一、车间安全检查					
品牌	型号/厂家	保养周期	上次保养日期		上次保养内容
举升机					
空气压缩机					
灭火器					
二、车辆信息记录					
品牌		整车型号		生产年月	
发动机型号		发动机排量		行驶里程	
车辆识别码					
三、车辆防护					
操作项目	内容		操作项目		内容
1. 安装车轮挡块			4. 检查驻车制动档位		
2. 安装排烟套			5. 垃圾分类		
3. 安装车内三件套					

考核评价一 安 全 防 护

序号	操作步骤	操作要点及规范	配分	得分
1	检查举升机	检查品牌型号 6 分、检查保养清单 6 分、检查使用情况 6 分	18 分	
	检查空气压缩机	检查品牌型号 6 分、检查保养清单 6 分、检查使用情况及各支路漏气情况 6 分	18 分	
	检查灭火器	检查灭火器数量 5 分、检查灭火器日期 6 分	11 分	
2	记录车辆信息	车辆识别码记录位置选择正确 6 分	6 分	
		发动机型号、发动机排量记录正确 8 分	8 分	
		品牌整车型号记录正确 8 分	8 分	
		生产年月及行驶里程记录正确 8 分	8 分	
3	车辆防护	安装左、右车轮挡块正确 7 分	7 分	
		安装排烟套正确 4 分	4 分	
		车内三件套安装 4 分	4 分	
		车外三件套安装 4 分	4 分	
		垃圾分类正确 4 分	4 分	
		总　分　100 分		

项目二　汽车电气系统基础知识

任务工单一　汽车电气一般维修

操作时间：　　　min

组长初评：□合格　□不合格			教师复评：□合格　□不合格		
一、车辆信息记录					
品牌		整车型号		生产年月	
发动机型号		发动机排量		行驶里程	
车辆识别码					
二、电压、电流、电阻的测量					
操作项目	测量方法	测量结果	操作项目	测量方法	测量结果
1. 测量蓄电池电压			3. 测量电阻		
2. 测量蓄电池启动电流					
三、试灯的使用					
操作项目	名称	电路	操作项目	操作方式	操作结果
1. 拔出继电器			2. 测量 30 号端子		
四、继电器的检测					
项目	结果		检测项目	结果	
1. 拔出继电器	名称：		4. 磁场通电		
2. 检测线圈			5. 检测开关（二）		
3. 检测开关（一）			6. 断电检测开关		
五、导线、插接器的修复					
操作项目	具体位置		修复方式		
修复导线					
修复插接器					

考核评价一　汽车电气一般维修

序号	操作步骤	操作要点及规范	配分	得分
1	场地工位工具准备情况	车轮挡块2分、车外三件套2分、车内三件套1分	5分	
2	电压的测量	仪表连接正确2分、校零正确2分、量程选择正确2分、正确记录测量值2分	8分	
3	电流的测量	仪表连接正确2分、校零正确2分、量程选择正确2分、正确记录测量值2分	8分	
4	电阻的测量	仪表连接正确2分、校零正确2分、量程选择正确2分、正确记录测量值2分	8分	
5	试灯的使用	拔出继电器2分、判断继电器供电线路2分、使用试灯测量电压供电正常2分	6分	
6	继电器的检测	拔出继电器4分、测量继电器线圈绕组4分、测量开关端4分、线圈端通电正确4分、测量开关端4分、断电后测量开关端6分	26分	
7	导线的修复	导线连接4分、使用热塑管4分、测量导线电阻4分	12分	
8	插接器的修复	使用公母插头进行焊接4分、使用热塑管4分、检测插接器电阻4分	12分	
9	二极管的检测	万用表校零2分、量程选择正确2分、测量方法正确2分	6分	
10	三极管的检测	万用表校零1分、测量方法正确1分	2分	
11	车辆恢复及7S管理	车辆清洁2分、工具清洁1分、车辆恢复2分、垃圾分类正确2分	7分	
总　分　100分				

任务工单二 汽车电路图识读

操作时间：　　　min

组长初评：□合格　□不合格	教师复评：□合格　□不合格

一、车辆信息记录

品牌		整车型号		生产年月	
发动机型号		发动机排量		行驶里程	
车辆识别码					

二、维修手册查询电路

指定元件名称	针脚编号	针脚线束颜色（中文）	针脚功能
1. 排气凸轮轴位置传感器			
排气凸轮轴位置传感器相关电路图信息：			记录所查询的电路图 在维修手册章节页码或电路图代码
油压传感器相关端视图信息：			记录所查询的端视图 在维修手册章节页码或电路图代码
指定元件名称	针脚编号	针脚线束颜色（中文）	针脚功能
2. 点火线圈			

(续)

点火线圈相关电路图信息：		记录所查询的电路图 在维修手册章节页码或电路图代码
点火线圈相关端视图信息：		记录所查询的端视图 在维修手册章节页码或电路图代码

三、维修手册查询端视图

部件名称	目录名称	页码	部件名称	目录名称	页码
1. 排气凸轮轴			3. 点火线圈 T8A		
2. 进气凸轮轴			4. 前氧传感器		

考核评价二　汽车电路图识读

序号	操作步骤		操作要点及规范	配分	得分
1	场地工位工具准备情况		车轮挡块2分、车外三件套3分、车内三件套3分	8分	
2	维修手册查询电路 排气凸轮轴（传感器）		排气凸轮轴传感器针脚编号记录正确4分、线束颜色记录正确4分、针脚功能记录正确4分、排气凸轮轴位置传感器相关电路信息记录正确4分	16分	
3	维修手册查询电路 点火线圈（执行器）		点火线圈针脚编号记录正确7分、线束颜色记录正确7分、针脚功能记录正确7分、点火线圈相关电路信息记录正确5分	26分	
4	维修手册查询端视图	排气凸轮轴位置传感器	正确查询维修手册目录5分、正确记录端视图页码5分	10分	
		进气凸轮轴位置传感器	正确查询维修手册目录5分、正确记录端视图页码5分	10分	
		点火线圈T8A	正确查询维修手册目录5分、正确记录端视图页码5分	10分	
		前氧传感器	正确查询维修手册目录5分、正确记录端视图页码5分	10分	
5	车辆恢复及7S管理		车辆清洁2分、工具清洁2分、车辆恢复3分、垃圾分类正确3分	10分	
	总　　分　　100分				

项目三　汽车电源系统和起动系统

任务工单一　蓄电池的检查与维护

操作时间：　　　min

组长初评：□合格　□不合格			教师复评：□合格　□不合格		
一、车辆信息记录					
品牌		整车型号		生产年月	
发动机型号		发动机排量		行驶里程	
车辆识别码					
二、蓄电池的拆装					
操作项目	操作方式	操作结果	操作项目	操作方式	操作结果
1. 打开行李舱		□正确　□错误	5. 安装蓄电池		□正确　□错误
2. 拆卸蓄电池负极		□正确　□错误	6. 安装正极		□正确　□错误
3. 拆卸蓄电池正极		□正确　□错误	7. 安装负极		□正确　□错误
4. 取出蓄电池		□正确　□错误			
三、蓄电池的维护					
操作项目	操作方式	操作结果	操作项目	操作方式	操作结果
1. 清洁蓄电池极桩			3. 更换蓄电池电缆线		
2. 清洁蓄电池通风口					

(续)

四、蓄电池的充电			
操作项目	参数设定	时间设定	结果判定
蓄电池就车充电			
蓄电池离车充电			
五、蓄电池负载测试			
操作项目	仪器连接	参数设定	结果判定
准备仪器			
负载测试			
六、蓄电池健康状态测试			
操作项目	仪器连接	参数设定	结果判定
准备仪器			
健康状态测试			
七、寄生电流测量			
操作项目	结果		
条件设置	条件：		
测量值	寄生电流实际测量值：	标准值：	是否符合标准：□是 □否
八、跨接起动			
跨接方法		跨接结果	

考核评价一　蓄电池的检查与维护

序号	操作步骤	操作要点及规范	配分	得分
1	场地工位工具准备情况	120件套装工具2分、S形钩2分、扭力扳手2分、车外三件套2分、车内三件套2分	10分	
2	前期准备	车辆准备：安装车轮挡块1分、安装车内三件套2分、安装车外三件套2分	5分	
3	蓄电池的拆装	打开行李舱2分、拆卸蓄电池负极4分、拆卸蓄电池正负极卡箍4分、取出蓄电池2分、安装蓄电池及正负极卡箍4分、安装蓄电池负极4分	20分	
4	蓄电池的维护	清洁蓄电池正负极桩2分、清洁蓄电池通风口2分	4分	
5	蓄电池的充电	就车充电电流量程正确3分、电压选择正确3分、时间选择正确3分 离车充电电流量程正确3分、电压选择正确3分、时间选择正确3分	18分	
6	蓄电池负载测试	仪器标定正确2分、参数设定正确2分、测试结果正确4分	8分	
7	蓄电池健康状态测试	仪器连接2分、参数设定正确2分、温度测量2分、检测并打印结果4分	10分	
8	寄生电流检测	条件设置4分、检测方法2分、检测结果2分、判断结果2分	10分	
9	跨接起动	跨接方式正确2分、跨接起动完成2分	4分	
10	车辆恢复及7S管理	车辆清洁2分、工具清洁3分、车辆恢复3分、垃圾分类正确3分	11分	
		总　　分　　100分		

任务工单二　充电系统的检查与维护

操作时间：	min		
组长初评：□合格　□不合格		教师复评：□合格　□不合格	

一、车辆信息记录

品牌		整车型号		生产年月	
发动机型号		发动机排量		行驶里程	
车辆识别码					

二、充电系统电压的测量

操作项目	万用表选择档位及量程	测量结果	判断结果
1. 测量静态电压			
2. 测量怠速电压（750r/min）			
3. 测量高负荷及高转速电压			

三、维修手册查询发电机拆装信息

操作项目	维修手册目录名称	维修手册页数
发电机的拆装		

四、发电机的拆装步骤

操作项目	操作结果	操作项目	操作结果
1. 拆卸蓄电池负极	是□　否□	6. 安装发电机	是□　否□
2. 拆卸传动带	是□　否□	7. 安装支架螺栓	是□　否□
3. 拆卸发电机电缆线及插接器	是□　否□	8. 安装发电机电缆线及插接器	是□　否□
4. 拆卸发电机支架螺栓	是□　否□	9. 安装传动带	是□　否□
5. 取出发电机	是□　否□	10. 安装蓄电池负极	是□　否□

考核评价二　充电系统的检查与维护

序号	操作步骤		操作要点及规范	配分	得分
1	场地工位工具准备情况		120件套装工具2分、扭力扳手2分、车外三件套2分、车内三件套2分	8分	
2	前期准备		车辆准备：安装车轮挡块3分、安装车内三件套2分、安装车外三件套2分	7分	
3	充电系统电压	测量静态电压	万用表使用正确4分、量程选择正确4分、测量结果记录正确4分、判断结果正确4分	16分	
		测量怠速电压	万用表使用正确4分、量程选择正确4分、测量结果记录正确4分、判断结果正确4分	16分	
		测量高负荷及高转速电压	万用表使用正确4分、量程选择正确4分、测量结果记录正确4分、判断结果正确4分	16分	
4	维修手册查询发电机拆装		维修手册目录正确8分、维修手册页码记录正确8分	16分	
5	发电机拆装的步骤		工具选择正确2分、拆卸步骤正确10分、工单填写2分	14分	
6	车辆恢复及7S管理		车辆清洁2分、工具清洁2分、车辆恢复3分	7分	
总　分　100分					

任务工单三　起动系统的检查与维护

操作时间：　　　min

组长初评：□合格　□不合格　　　　　　　　　　　　　教师复评：□合格　□不合格

一、车辆信息记录

品牌		整车型号		生产年月	
发动机型号		发动机排量		行驶里程	
车辆识别码					

二、维修手册查询起动机拆装信息

操作项目	维修手册目录名称	维修手册页数
起动机的拆装		

三、起动机的拆装步骤

操作项目	操作结果	操作项目	操作结果
1. 拆卸蓄电池负极	是□　否□	12. 放入起动机	是□　否□
2. 拆卸发电机 B+ 螺母	是□　否□	13. 安装起动机上固定螺母	是□　否□
3. 断开起动机线束插接器	是□　否□	14. 安装起动机下固定螺母	是□　否□
4. 拆卸起动机电缆起动导线螺母	是□　否□	15. 安装起动机支架及 2 个螺栓	是□　否□
5. 拆卸起动机电缆	是□　否□	16. 安装起动机搭铁电缆及螺母	是□　否□
6. 拆卸起动机搭铁螺栓	是□　否□	17. 安装起动机电缆及螺母	是□　否□
7. 拆卸起动机 2 个托架螺栓	是□　否□	18. 安装发电机电缆及螺母	是□　否□
8. 拆除起动机托架	是□　否□	19. 安装起动机线束插接器	是□　否□
9. 拆卸起动机固定上螺母	是□　否□	20. 安装蓄电池负极	是□　否□
10. 拆卸起动机固定下螺栓	是□　否□	21. 起动车辆观察异响	是□　否□
11. 拆下起动机，摆放整齐	是□　否□	22. 测量充电电压	是□　否□

考核评价三　起动系统的检查与维护

序号	操作步骤	操作要点及规范	配分	得分
1	场地工位工具准备情况	120件套装工具2分、扭力扳手2分、车外三件套2分、车内三件套2分	8分	
2	前期准备	车辆准备：安装车轮挡块4分、安装车内三件套4分、安装车外三件套4分	12分	
3	维修手册查询发电机拆装	维修手册目录正确8分、维修手册页码记录正确8分	16分	
4	起动机的拆装步骤	工具选择正确4分、拆卸步骤每个步骤2分（共44分）、工单填写4分	52分	
5	车辆恢复及7S管理	车辆清洁4分、工具清洁4分、车辆恢复4分	12分	
		总　　分　　100分		

项目四　汽车仪表系统和照明系统

任务工单一　汽车仪表系统的检查与拆装

操作时间：　　　min

组长初评：□合格　□不合格　　　　　　　　教师复评：□合格　□不合格

一、车辆信息记录

品牌		整车型号		生产年月	
发动机型号		发动机排量		行驶里程	
车辆识别码					

二、仪表指示灯的检查

仪表指示灯	含义

(续)

三、汽车仪表的拆装步骤

操作项目	操作结果	操作项目	操作结果
1. 拆卸侧面内饰板	是☐ 否☐	12. 安装仪表插接器	是☐ 否☐
2. 拆卸出风口	是☐ 否☐	13. 安装仪表	是☐ 否☐
3. 拆卸内饰板	是☐ 否☐	14. 安装仪表右侧螺栓	是☐ 否☐
4. 拆卸转向盘上装饰盖	是☐ 否☐	15. 安装仪表左侧螺栓	是☐ 否☐
5. 拆卸转向盘下装饰盖	是☐ 否☐	16. 安装内饰板	是☐ 否☐
6. 拆卸仪表防尘板	是☐ 否☐	17. 安装出风口	是☐ 否☐
7. 拆卸仪表左侧螺栓	是☐ 否☐	18. 安装侧面盖板	是☐ 否☐
8. 拆卸仪表右侧螺栓	是☐ 否☐	19. 安装仪表防尘板	是☐ 否☐
9. 拆卸仪表	是☐ 否☐	20. 安装转向盘下盖板	是☐ 否☐
10. 拆卸仪表插接器	是☐ 否☐	21. 安装转向盘上盖板	是☐ 否☐
11. 拿出仪表	是☐ 否☐	22. 起动检查仪表工作状况	是☐ 否☐

考核评价一　汽车仪表系统的检查与拆装

序号	操作步骤	操作要点及规范	配分	得分
1	场地工位工具准备情况	120件套装工具3分、车外三件套3分、车内三件套3分	9分	
2	前期准备	车辆准备：安装车轮挡块3分、安装车内三件套3分、安装车外三件套3分	9分	
3	仪表指示灯的检查	检查方法正确10分、各种指示灯工单记录正确10分	20分	
4	仪表的拆装	工具选择正确4分、拆卸步骤每个步骤2分（共44分）、工单填写5分	53分	
5	车辆恢复及7S管理	车辆清洁3分、工具清洁3分、车辆恢复3分	9分	
		总　分　100分		

任务工单二　汽车照明信号系统的检查与维护

操作时间：	min				
组长初评：□合格　□不合格			教师复评：□合格　□不合格		

一、车辆信息记录

品牌		整车型号		生产年月	
发动机型号		发动机排量		行驶里程	
车辆识别码					

二、车辆前、后部灯光的检查

名称	作用	检查结果
		正常□　不正常□
		正常□　不正常□
		正常□　不正常□
		正常□　不正常□
		正常□　不正常□
		正常□　不正常□
		正常□　不正常□
		正常□　不正常□
		正常□　不正常□

三、前照灯的检测

基本条件	条件1：		条件2：		条件3：
测量前照灯高度			调整仪器高度		
仪器到前照灯距离			测量灯光照度		

考核评价二　汽车照明信号系统的检查与维护

序号	操作步骤	操作要点及规范	配分	得分
1	场地工位工具准备情况	120件套装工具3分、车外三件套3分、车内三件套3分	9分	
2	前期准备	安装车轮挡块3分、安装车内三件套3分、安装车外三件套3分	9分	
		机油检查3分、冷却液检查3分、制动液检查3分、蓄电池电压检查4分	13分	
3	前部照灯的检查	名称填写正确4分、作用填写正确4分、检查正确6分	14分	
4	后部灯光的检查	名称填写正确6分、作用填写正确6分、检查正确8分	20分	
5	前照灯的检测	条件设置正确10分、参数调整正确8分、水平及高度调整正确6分、照度测量正确4分	28分	
6	车辆恢复及7S管理	车辆清洁2分、工具清洁2分、车辆恢复3分	7分	
		总　　分　　100分		

项目五　汽车空调系统

任务工单一　汽车空调的使用与维护

操作时间：	min				
组长初评：□合格　□不合格			教师复评：□合格　□不合格		

一、车辆信息记录

品牌		整车型号		生产年月	
发动机型号		发动机排量		行驶里程	
车辆识别码					

二、认识空调开关及旋钮

符号	名称	符号	名称	符号	名称	符号	名称
A/C		（内循环）		（除霜上）		（吹脚）	
（吹脚下）		MAX		REAR		SYNC	
（座椅加热）		（风扇）		（加热）		AUTO	

三、正确操作

操作项目	操作方式	操作结果
1. 自动空调模式		
2. 送风模式操作		
3. 除雾和除霜操作		
4. 最大制冷操作		
5. 5S 管理		

考核评价一 汽车空调的使用与维护

序号	操作步骤	操作要点及规范	配分	得分
1	场地工位工具准备情况	120件套装工具1分、车轮挡块1分、车内三件套3分	5分	
2	前期准备	车辆准备：安装车轮挡块2分、安装车内三件套3分	5分	
3	认识空调开关及旋钮	能准确说明汽车空调开关及旋钮的功能10分	10分	
4	制冷剂的回收	按照正确的操作步骤操作空调旋钮20分 操作错误每次扣2分	20分	
5	送风模式的操作	正确操作15分 未正确操作每次扣2分	15分	
6	除雾和除霜的操作	正确操作15分 未正确操作每次扣2分	15分	
7	最大制冷操作	正确操作15分 未正确操作每次扣2分	15分	
8	车辆恢复及7S管理	车辆清洁2分、工具清洁2分、车辆恢复3分、垃圾分类正确3分、废油进行环保处理5分	15分	
总　分　100分				

任务工单二 制冷系统的检查与维护

操作时间： min

组长初评：□合格 □不合格　　　　　　　　　　教师复评：□合格 □不合格

一、车辆信息记录

品牌		整车型号		生产年月	
发动机型号		发动机排量		行驶里程	
车辆识别码					

二、制冷剂泄露检查

空调系统密封性检查	制冷剂泄漏检查方法：
	泄漏部位：

三、冷凝器的更换

操作项目	操作方式	操作结果
1. 回收制冷剂		
2. 更换冷凝器		
3. 充注制冷剂		
4. 5S 管理		

四、查询用户手册记录制冷剂及压缩机冷冻油的型号和加注量

制冷剂型号	加注量	冷冻油型号	加注量

考核评价二 制冷系统的检查与维护

序号	操作步骤	操作要点及规范	配分	得分
1	场地工位工具准备情况	120件套装工具1分、车轮挡块1分、车外三件套1分、车内三件套1分	4分	
2	前期准备	车辆准备：安装车轮挡块2分、安装车内三件套4分、安装车外三件套4分	10分	
3	制冷剂泄露检查	检查方法正确6分、判断正确4分	10分	
4	回收制冷剂	前期准备6分、操作方法10分（未佩戴安全防护扣4分，未检查冷冻油、制冷剂余量扣2分）	16分	
5	拆卸冷凝器	工具正确选用4分（非专用工具扣2分）、拆卸方法正确10分	14分	
6	安装冷凝器	查询维修手册4分、安装正确10分（安装不牢靠扣4分）	14分	
7	充注制冷剂	查询维修手册3分 操作方法正确10分、加注量正确5分 （未佩戴安全防护扣4分、未进行二次抽真空扣3分）	18分	
8	车辆恢复及7S管理	车辆清洁2分、工具清洁2分、车辆恢复3分、垃圾分类正确3分 废油进行环保处理4分	14分	
		总　分　100分		

任务工单三 暖风系统的检查与维护

操作时间：　　　min

组长初评：□合格　　□不合格　　　　　　　　　教师复评：□合格　　□不合格

一、车辆信息记录

品牌		整车型号		生产年月	
发动机型号		发动机排量		行驶里程	
车辆识别码					

二、发动机冷却和暖气系统软管和管路的检查

操作项目	操作方式	操作结果	操作项目	操作方式	操作结果
1. 起动车辆，预热5min，观察冷却液温度表读数			3. 观察暖风管		
2. 举升车辆			4. 5S管理		

考核评价三　暖风系统的检查与维护

序号	操作步骤	操作要点及规范	配分	得分
1	场地工位工具准备情况	车外三件套 3 分、车内三件套 3 分	6 分	
2	前期准备	车辆准备：安装车轮挡块 5 分、安装车内三件套 5 分、安装车外三件套 5 分	15 分	
3	起动车辆	检查方法正确 10 分	10 分	
4	预热 5min，观察冷却液温度表	判断正确 15 分	15 分	
5	举升车辆	操作方法正确 10 分，未安全操作扣 10 分	10 分	
6	检查热水管泄漏情况	检查方法正确 20 分	20 分	
7	填写工单	正确填写工单 10 分	10 分	
8	车辆恢复及 7S 管理	车辆清洁 2 分、工具清洁 2 分、车辆恢复 5 分、垃圾分类正确 5 分	14 分	
总　分　100分				

任务工单四　空调过滤系统的检查与维护

<table>
<tr><td colspan="6">操作时间：　　min</td></tr>
<tr><td colspan="4">组长初评：□合格　□不合格</td><td colspan="2">教师复评：□合格　□不合格</td></tr>
<tr><td colspan="6">一、车辆信息记录</td></tr>
<tr><td>品牌</td><td colspan="2"></td><td>整车型号</td><td></td><td>生产年月</td></tr>
<tr><td>发动机型号</td><td colspan="2"></td><td>发动机排量</td><td></td><td>行驶里程</td></tr>
<tr><td>车辆识别码</td><td colspan="5"></td></tr>
<tr><td colspan="6">二、空调异味的查找方法</td></tr>
<tr><td>操作项目</td><td colspan="3">操作方式</td><td colspan="2">操作结果</td></tr>
<tr><td></td><td colspan="3"></td><td colspan="2">□正确　□错误</td></tr>
<tr><td></td><td colspan="3"></td><td colspan="2">□正确　□错误</td></tr>
<tr><td></td><td colspan="3"></td><td colspan="2">□正确　□错误</td></tr>
<tr><td></td><td colspan="3"></td><td colspan="2">□正确　□错误</td></tr>
<tr><td colspan="6">三、更换空调滤清器</td></tr>
<tr><td>操作项目</td><td colspan="3">操作方式</td><td colspan="2">操作结果</td></tr>
<tr><td></td><td colspan="3"></td><td colspan="2">□正确　□错误</td></tr>
<tr><td></td><td colspan="3"></td><td colspan="2">□正确　□错误</td></tr>
<tr><td></td><td colspan="3"></td><td colspan="2">□正确　□错误</td></tr>
<tr><td></td><td colspan="3"></td><td colspan="2">□正确　□错误</td></tr>
<tr><td colspan="6">四、更换空调滤清器芯</td></tr>
<tr><td colspan="2">检查项目</td><td colspan="2">方法</td><td>标准</td><td>安装结果</td></tr>
<tr><td colspan="2"></td><td colspan="2"></td><td></td><td>□正确　□错误</td></tr>
<tr><td colspan="2"></td><td colspan="2"></td><td></td><td>□正确　□错误</td></tr>
<tr><td colspan="2"></td><td colspan="2"></td><td></td><td>□正确　□错误</td></tr>
<tr><td colspan="2">复查结果</td><td colspan="2">起动车辆</td><td colspan="2">检查安装情况：□正常　□不正常</td></tr>
</table>

考核评价四　空调过滤系统的检查与维护

序号	操作步骤	操作要点及规范	配分	得分
1	场地工位工具准备情况	车辆准备2分、工具准备2分、垃圾桶及其他设施准备2分	6分	
2	前期准备	工具准备正确2分、安装车轮挡块4分、安装排烟套4分、安装车内三件套4分	14分	
3	车辆信息记录	位置正确6分、记录正确6分	12分	
4	空调异味的查找	维修手册查找6分、查找步骤6分、判断位置6分、正确记录4分	22分	
5	更换空调滤芯	工具使用6分、拆卸方法6分、正确安装空气滤芯8分、正确记录6分	26分	
6	复查安装情况	打开空调鼓风机4分、观察异响情况5分	9分	
7	车辆恢复及7S管理	三件套回收4分、抹布回收4分、工具清洁归位3分	11分	
		总　　分　100分		

项目六　汽车辅助电器系统

任务工单一　电动座椅系统的检查与维护

操作时间：	min		
组长初评：□合格　□不合格		教师复评：□合格　□不合格	

一、车辆信息记录

品牌		整车型号		生产年月	
发动机型号		发动机排量		行驶里程	
车辆识别码					

二、电动座椅滑道的检查、清洁

操作项目	滑道检查情况	操作项目	操作结果
1. 电动座椅滑道	□弯曲变形　□螺纹损坏　□正常	2. 清洁滑道	□吹尘枪清洁　□毛刷清洁

三、电动座椅开关功能的检查

操作项目	操作结果	操作项目	操作结果
1. 电动座椅前后调节	□可调节　□不可调节	3. 电动座椅靠背调节	□可调节　□不可调节
2. 电动座椅上下调节	□可调节　□不可调节	4. 电动座椅头枕位置调节	□可调节　□不可调节

考核评价一　电动座椅系统的检查与维护

序号	操作步骤		操作要点及规范	配分	得分
1	场地工位工具准备情况		口罩准备 2 分、抹布准备 2 分、吹尘枪准备 2 分	6 分	
2	前期准备		车辆准备：安装车轮挡块 3 分、安装车内三件套 3 分、安装车外三件套 3 分	9 分	
3	电动座椅滑道的检查、清洁		检查滑道变形及螺纹损坏情况 8 分、清洁滑道 5 分、润滑滑道 5 分	18 分	
4	电动座椅的调整	上下位置调整	起动车辆 2 分、座椅位置向上调整到最高位置 8 分、座椅位置向下调整到最低位置 8 分	18 分	
		前后位置调整	起动车辆 2 分、座椅位置向前调整到最前位置 8 分、座椅位置向后调整到最后位置 8 分	18 分	
		靠背调节	起动车辆 2 分、靠背位置可以前后调节角度 8 分	10 分	
		头枕调节	调节头枕 5 分，可以任意位置锁止 5 分	10 分	
5	车辆恢复及 7S 管理		车辆清洁 2 分、工具清洁 3 分、车辆恢复 3 分、垃圾分类正确 3 分	11 分	
	总　分　100 分				

任务工单二 电动车窗系统的检查

操作时间：_____ min

组长初评：□合格 □不合格　　　　　　　　　　教师复评：□合格 □不合格

一、车辆信息记录

品　牌		整车型号		生产年月	
发动机型号		发动机排量		行驶里程	
车辆识别码					

二、电动车窗基本功能检查

操作项目	检查情况			操作项目	检查情况	
1. 主驾驶玻璃升降器开关检查	主驾驶	□正常	□不正常	4. 右后玻璃升降器开关检查	□正常	□不正常
	右前	□正常	□不正常			
	左后	□正常	□不正常			
	右后	□正常	□不正常			
	一键升降功能	□正常	□不正常			
2. 右前玻璃升降器开关检查	□正常		□不正常	5. 玻璃锁止开关检查	左后玻璃升降锁止情况　□正常　□不正常 右后玻璃升降锁止情况　□正常　□不正常	
3. 左后玻璃升降器开关检查	□正常		□不正常	6. 主驾驶玻璃防夹功能检查	□正常	□不正常

（续）

三、电动车窗开关的拆装

操作项目	操作结果	操作项目	操作结果
1. 拆卸开关总成螺栓	□完成　□未完成	6. 安装玻璃升降器开关总成	□完成　□未完成
2. 翘起开关总成	□完成　□未完成	7. 安装玻璃升降器开关插接器	□完成　□未完成
3. 断开玻璃升降器开关插接器	□完成　□未完成	8. 安装玻璃升降器开关总成	□完成　□未完成
4. 分解开关	□完成　□未完成	9. 安装开关总成螺栓	□完成　□未完成
5. 取出玻璃升降器总成	□完成　□未完成	10. 检查玻璃升降器开关功能	□完成　□未完成

考核评价二　电动车窗系统的检查

序号	操作步骤		操作要点及规范	配分	得分
1	场地工位工具准备情况		抹布 2 分、防夹垫块 30cm 4 分、车内三件套 3 分、车外三件套 3 分	12 分	
2	前期准备		车辆准备：安装车轮挡块 2 分、安装车内三件套 3 分、安装车外三件套 3 分、检查机油 3 分、检查冷却液 3 分、检查制动液 3 分	17 分	
3	主驾驶车窗及开关检查	主驾驶车窗	起动车辆 2 分、上升到最高位置 4 分、下降到最低位置 4 分	10 分	
		右前车窗	起动车辆 2 分、上升到最高位置 4 分、下降到最低位置 4 分	10 分	
		右后车窗	起动车辆 2 分、上升到最高位置 4 分、下降到最低位置 4 分	10 分	
		左后车窗	起动车辆 2 分，上升到最高位置 4 分、下降到最低位置 4 分	10 分	
4	玻璃锁止检查		检查左后锁止情况 4 分、检查右后锁止情况 4 分	8 分	
5	防夹功能测试		选择合适垫块 5 分、测试方法正确 6 分	11 分	
6	车辆恢复及 7S 管理		车辆清洁 3 分、工具清洁 3 分、车辆恢复 3 分、垃圾分类正确 3 分	12 分	
			总　　分　100 分		

任务工单三　刮水器系统的检查与维护

操作时间：　　min			
组长初评：□合格　□不合格		教师复评：□合格　□不合格	

一、车辆信息记录

品牌		整车型号		生产年月	
发动机型号		发动机排量		行驶里程	
车辆识别码					

二、清洁刮水器、检查玻璃洗涤液

操作项目	清洁方式	操作项目	操作结果
1. 清洁刮水器	□抹布清洁　□吹尘枪清洁	2. 检查玻璃洗涤液位置	□正常　□需要添加 添加玻璃洗涤液冰点______

三、检查洗涤器、刮水器

操作项目	操作结果	操作项目	操作结果
1. 检查喷水位置	□正常　□不正常	3. 自动回位	□正常　□不正常
2. 刮拭情况	□正常　□不正常	4. 低速、高速、间歇检查	□正常　□不正常

四、拆装刮水片

操作项目	操作结果	操作项目	操作结果
1. 铺垫抹布	□完成　□未完成	4. 放下刮水臂	□完成　□未完成
2. 按下锁止卡	□完成　□未完成	5. 安装左右刮水片	□完成　□未完成
3. 取出刮水片	□完成　□未完成	6. 取出抹布	□完成　□未完成

考核评价三　刮水器系统的检查与维护

序号	操作步骤		操作要点及规范	配分	得分
1	场地工位工具准备情况		口罩准备 2 分、抹布准备 2 分、吹尘枪准备 2 分	6 分	
2	前期准备		车辆准备：安装车轮挡块 1 分、安装车内三件套 2 分、安装车外三件套 2 分	5 分	
3	清洁刮水器、检查玻璃水		正确方式清洁 4 分、玻璃水检查 3 分、添加玻璃水 4 分	11 分	
4	检查洗涤器、刮水器	喷水位置检查	起动车辆 2 分、检查左侧喷水位置 8 分、检查右侧喷水位置 8 分	18 分	
		刮拭情况检查	检查玻璃是否刮干净 6 分	6 分	
		自动回位	观察是否处在最低位置 8 分	8 分	
		刮水器检查	低速正常 5 分、高速正常 5 分、间隙正常 6 分	16 分	
5	拆装刮水片		防护正常 5 分、拆卸步骤每步 2 分（共 12 分）、安装方法正确 4 分	21 分	
6	车辆恢复及 7S 管理		车辆清洁 2 分、工具清洁 2 分、车辆恢复 2 分、垃圾分类正确 3 分	9 分	
总　分　100 分					

任务工单四 电动后视镜系统的检查与维护

操作时间：　　　min

| 组长初评：□合格　□不合格 | 教师复评：□合格　□不合格 |

一、车辆信息记录

品牌		整车型号		生产年月	
发动机型号		发动机排量		行驶里程	
车辆识别码					

二、调节电动后视镜

操作项目	检查情况	操作项目	检查情况
1. 调节左侧电动后视镜	水平调节　□正常　□不正常 上下调节　□正常　□不正常	2. 调节右侧电动后视镜	水平调节　□正常　□不正常 上下调节　□正常　□不正常

三、拆装电动后视镜开关

操作项目	操作结果	操作项目	操作结果
1. 拆卸固定螺栓	□完成　□未完成	6. 取出开关	□完成　□未完成
2. 翘起开关座	□完成　□未完成	7. 安装开关	□完成　□未完成
3. 拿出开关总成	□完成　□未完成	8. 安装开关插接器	□完成　□未完成
4. 拆卸开关插接器	□完成　□未完成	9. 安装开关总成	□完成　□未完成
5. 拆除电动后视镜开关	□完成　□未完成	10. 安装总成螺栓	□完成　□未完成

考核评价四 电动后视镜系统的检查与维护

序号	操作步骤			操作要点及规范	配分	得分
1	场地工位工具准备情况			世达120件3分、十字螺钉旋具2分、一字螺钉旋具2分、抹布手套2分	9分	
2	前期准备			车辆准备:安装车轮挡块3分、安装车内三件套2分、安装车外三件套2分	7分	
3	电动后视镜的调节			检查滑道变形及螺纹损坏情况8分、清洁滑道4分、润滑滑道4分	16分	
4	调节电动后视镜	左侧	水平调整	起动车辆2分、水平左右可以正常调整5分	7分	
			上下调整	起动车辆2分、上下方向可以正常调整5分	7分	
		右侧	水平调整	起动车辆2分、水平左右可以正常调整5分	7分	
			上下调整	起动车辆2分、上下方向可以正常调整5分	7分	
5	拆装电动后视镜开关			步骤一步2分(共20分)、拆装方法正确5分、工具使用正确4分	29分	
6	车辆恢复及7S管理			车辆清洁2分、工具清洁3分、车辆恢复3分、垃圾分类正确3分	11分	
总 分 100分						

任务工单五　中控门锁系统的检查与维护

操作时间：	min				
组长初评：□合格　□不合格			教师复评：□合格　□不合格		

一、车辆信息记录

品牌		整车型号		生产年月	
发动机型号		发动机排量		行驶里程	
车辆识别码					

二、检查中控门锁

操作项目	检查情况	操作项目	检查情况
1. 开关锁止	左前车门　□锁止　□未锁止 右前车门　□锁止　□未锁止 左后车门　□锁止　□未锁止 右后车门　□锁止　□未锁止	2. 开关解锁	左前车门　□锁止　□未锁止 右前车门　□锁止　□未锁止 左后车门　□锁止　□未锁止 右后车门　□锁止　□未锁止

三、拆装中控门锁开关

操作项目	操作结果	操作项目	操作结果
1. 拆卸车门螺栓	□完成　□未完成	9. 安装中控门锁开关	□完成　□未完成
2. 拆卸车门卡扣	□完成　□未完成	10. 安装中控门锁插接器	□完成　□未完成
3. 拆卸门锁开关拉线	□完成　□未完成	11. 连接总插接器	□完成　□未完成
4. 拆卸玻璃升降插接器	□完成　□未完成	12. 连接玻璃升降器插接器	□完成　□未完成
5. 拆卸车门总插接器	□完成　□未完成	13. 安装开关拉线	□完成　□未完成
6. 拆卸中控门锁插接器	□完成　□未完成	14. 安装门板	□完成　□未完成
7. 拆卸中控门锁开关	□完成　□未完成	15. 安装车门螺栓	□完成　□未完成
8. 拿出中控门锁开关	□完成　□未完成	16. 检查中控门锁情况	□完成　□未完成

考核评价五　中控门锁系统的检查与维护

序号	操作步骤			操作要点及规范	配分	得分
1	场地工位工具准备情况			世达120件3分、十字螺钉旋具2分、一字螺钉旋具2分、抹布手套2分	9分	
2	前期准备			车辆准备：安装车轮挡块2分、安装车内三件套2分、安装车外三件套3分	7分	
3	检查中控门锁	开关锁止	左前车门	外部无法打开车门2分、内部需要两次打开车门2分	4分	
			右前车门	外部无法打开车门2分、内部需要两次打开车门2分	4分	
			左后车门	外部无法打开车门2分、内部需要两次打开车门2分	4分	
			右后车门	外部无法打开车门2分、内部需要两次打开车门2分	4分	
		开关解锁	左前车门	外部可以打开车门2分、内部一次打开车门2分	4分	
			右前车门	外部可以打开车门2分、内部一次打开车门2分	4分	
			左后车门	外部可以打开车门2分、内部一次打开车门2分	4分	
			右后车门	外部可以打开车门2分、内部一次打开车门2分	4分	
4	拆装中控门锁开关			步骤一步2分（共32分）、拆装方法正确5分、工具使用正确4分	41分	
5	车辆恢复及7S管理			车辆清洁2分、工具清洁3分、车辆恢复3分、垃圾分类正确3分	11分	
总　分　100分						

保证其停留在要求位置，如图6-6和图6-7所示分别为别克威朗汽车玻璃升降器开关及玻璃升降器。

图6-6 别克威朗汽车驾驶位玻璃升降器开关

图6-7 别克威朗汽车玻璃升降器

二、别克威朗汽车玻璃升降器电路

别克威朗汽车玻璃升降器的控制开关电路为主驾驶位开关通过LIN控制其他车门电动机模块最终控制电动机运转。副驾驶及后排乘客开关使用独立LIN控制方式，如图6-8所示。

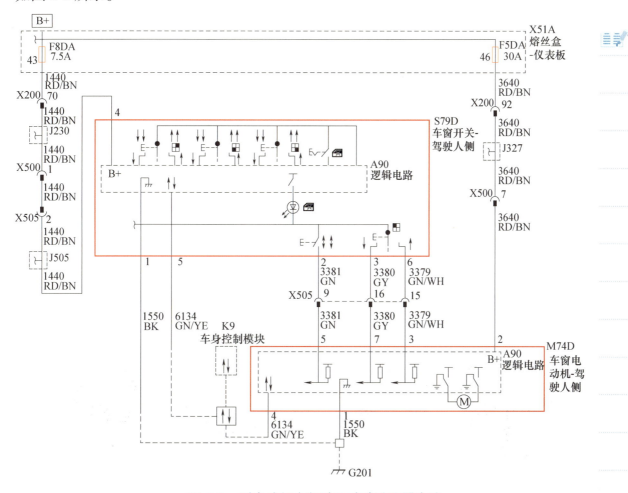

图6-8 别克威朗主驾驶位玻璃升降器电路

别克威朗汽车主驾驶位车窗开关 S790 的供电线路正极为 4 号线，负极为 1 号线。其中 F8DA 为供电正极熔丝，G201 为搭铁，如图 6-9 所示。

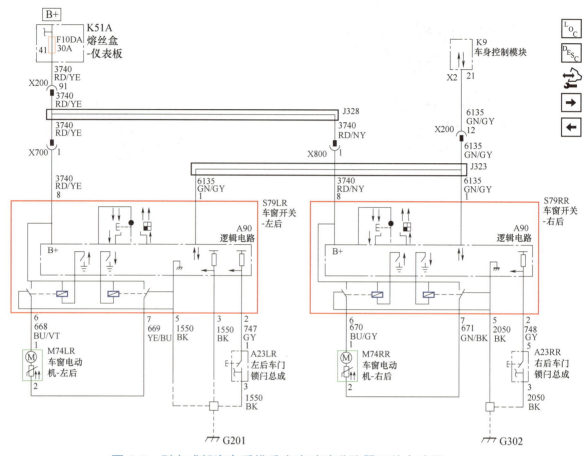

图 6-9　别克威朗汽车后排乘客座玻璃升降器开关电路图

【任务实施】

一、工具设备准备

别克威朗实训车辆、垫块、抹布、世达 120 件套装工具、车内三件套和车外三件套等。

二、任务操作过程

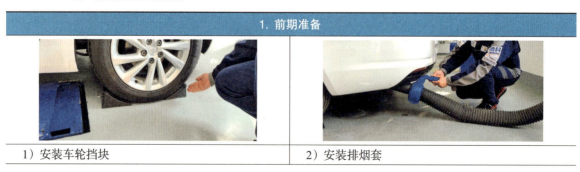

1. 前期准备	
1）安装车轮挡块	2）安装排烟套

扫一扫

电动车窗系统的检查

（续）

3）安装车内三件套	4）安装车外三件套

5）检查机油、冷却液	6）检查蓄电池电压

2. 电动车窗基本功能检查

1）检查主驾驶位玻璃升降器开关功能	2）检查左后车窗玻璃升降器开关功能

3）检查右后车窗玻璃升降器开关功能	4）检查右前车窗玻璃升降器开关功能

5）检查玻璃锁开关功能	6）检查主驾驶位防夹功能

3. 电动车窗开关的拆装

1）拆卸开关总成螺栓	2）翘起开关总成

（续）

3）断开玻璃升降器开关插接器	4）分解开关

5）取出玻璃升降器开关总成	6）安装玻璃升降器开关总成

7）安装玻璃升降器开关插接器	8）安装玻璃升降器开关总成

9）安装开关总成螺栓	10）检查玻璃升降器开关功能
4. 车辆恢复及 7S 管理	

1）拆除车外翼子板布、前格栅布并叠好归位
2）车内三件套环保处理
3）抹布手套回收处理
4）关闭发动机舱盖，升起车窗玻璃，拔下车辆钥匙，收车轮挡块并归位
5）工具清洁归位
6）地面、车辆清洁

【总结及拓展训练】

通过本任务的学习，同学们了解电动车窗的作用、结构及工作原理，熟练掌握了电动车窗基本功能检查和开关的拆装方法。本任务与汽车专业领域职业技能等级证书标准中的 1-3【汽车电子电气与空调舒适系统技术 - 模块】—汽车舒适系统检查保养职业技能要求相对应，同学们要勤加练习，为以后考取相应等级的职业技能等级证书打下基础。

拓展训练

本任务学习了主驾驶位玻璃升降器开关的拆装方法。当其他玻璃升降器开关损坏时如何进行拆装。请同学们根据已学知识并结合其他车门玻璃升降器开关的具体情况，完成开关的拆装，如图6-10所示。

图6-10　副驾驶位玻璃升降器开关

任务三　刮水器系统的检查与维护

【任务目标】

1. 了解刮水器系统的作用、组成及分类。
2. 熟练掌握刮水器系统的检查方法以及刮水片的更换方法。

【任务描述】

客户王先生的别克威朗轿车在雨天行车时，王先生发现刮水片不能及时清除风窗玻璃上的雨水，王先生开车来到别克4S店，服务顾问询问和检查后将车辆交给维修技师，维修技师检查后决定更换车辆的刮水片。下面将学习刮水器系统的相关知识并按流程进行刮水片的更换。

【知识储备】

1. 刮水器系统的作用

为了保证驾驶人在雨天、雪天和雾天有良好的视线，汽车都安装了电动风窗玻璃刮水器，它具有一个或两个以上的橡皮刷，由驱动装置带着来回摆动，以除去风窗玻璃上的水、雪及尘土等。

2. 刮水器系统的分类及组成

刮水器分为气压式、电动式（同刮/对刮，单/双/三刮）等多种，常用的是电动式，电动刮水器由电动机、减速装置、换向传输机构（摇臂、球套、连杆等）、刮水臂和刮水片等组成，如图 6-11 所示。

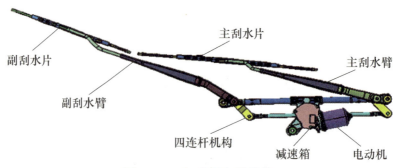

图 6-11　电动刮水器结构

3. 刮水器系统的工作原理

普通的电动式刮水器系统的结构如图 6-12 所示，当电动机工作时，通过减速箱减速后带动曲柄做圆周运动，然后通过连杆使摇臂做往返运动，而摇臂又带动刮水臂、刮水片组件做往返运动以除去玻璃上的雨水、雪或灰尘。

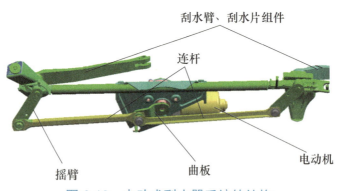

图 6-12　电动式刮水器系统的结构

4. 刮水器档位和高低速实现原理

一般的前刮水器通过外部开关和电路实现高速、低速、间歇和制动四个档位。

刮水器的高低速是通过电动机内部 3 个电刷的互换来改变电动机两个并联输出电路上串联的线圈数目来实现的，匝数越多最终速度越慢，反之越快。

当刮水器接入低速档位时，如图 6-13a 所示，电流流入 +、- 极电刷，这时电枢内部形成两条对称的支路，一条经绕组 4、3、2、1，另一条经绕组 8、7、6、5，串入的电枢绕组有 4 个，匝数多，电动机以较低的稳定转速运转，使刮水片慢速摆动。

当刮水器接入高速档位时，如图 6-13b 所示，电流流入高速档位电刷，这时电枢内部形成两条不对称的支路，一条流经绕组 8、4、3、2、1，另一条经绕组 7、6、5，绕组 8 所产生的反电动势与绕组 4、3、2、1 的相互抵消，此时实际串联的电枢绕组只有 3 个，匝数少，因此，电动机在较高的稳定转速下运转，使刮水片快速摆动。

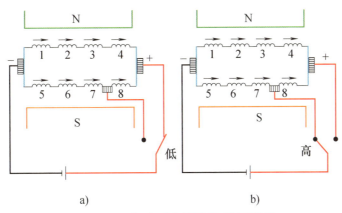

图 6-13 电动刮水器内部线圈结构

5. 刮水器系统的自动复位原理

开关打到"0"位，触点与铜环接触如图 6-14 b 所示，电动机继续转动。电动机转到图 6-14a 位置，电枢短路，电动机停止转动。

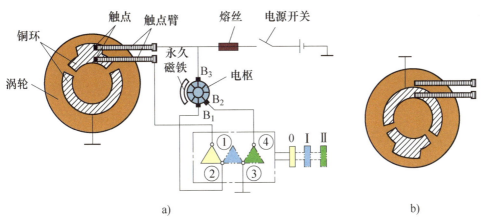

图 6-14 刮水器自动复位原理图

6. 刮水器系统间隔工作的原理

1）间歇开关未闭合时，自动复位开关位于"上"，继电器触点与"①"（图 6-14 中位置）接通，电动机绕组被短路，电动机不转，电容充电饱和，A 点处于高电位，如图 6-15 所示。

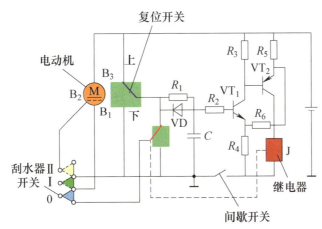

图 6-15 刮水器间歇式开关电路

2)间歇开关闭合后,由于 A 点电位高,VT_1、VT_2 导通,继电器控制线圈通电,继电器触点与"2"接通,电动机绕组接通,电动机转动。

电动机转过一定角度后,复位开关将"下"接通。电容 C 开始放电,A 点电位降低,VT_1、VT_2 截至,继电器控制线圈断开,继电器触点与"①"(图 6-14 中位置)接通,在刮水片未到达规定位置时,复位开关仍接通"下",电动机继续转动,如图 6-16 所示。

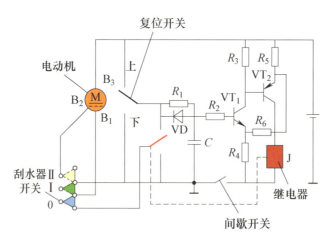

图 6-16 刮水器间歇式开关关闭电路图

7. 刮水器系统开关

刮水器系统开关包括两大功能,分别为前风窗洗涤和刮水,如图 6-17 所示。其中刮水器"×1"为刮水一次,仅将刮水器操纵杆快速向下移动一下;"INT"为间歇性刮水,要调整刮水频率,向上转动操纵杆可增加刮水频率,向下转动操纵杆可降低刮水频率;"LO"为低速刮水;"HI"为快速刮水。

风窗玻璃洗涤器操作是将风窗玻璃刮水器操纵杆向自身方向拉动,以喷洒风窗玻璃洗涤液并起动刮水器。刮水器将继续工作,直到操纵杆松开或达到最长的清洗时间。

图 6-17 别克威朗汽车刮水器开关

【任务实施】

一、工具设备准备

别克威朗实训车辆、博世 MMD540 万用表、新刮水片一副、车内三件套和车外三件套等。

二、任务操作过程

1. 前期准备	
 1）安装车轮挡块	 2）安装排烟套
 3）安装车内三件套	 4）安装车外三件套
 5）检查机油、冷却液	 6）检查蓄电池电压
2. 清洁刮水片、检查玻璃洗涤剂	
 1）清洁刮水片	 2）检查玻璃洗涤剂
3. 检查洗涤器	
 1）前风窗玻璃洗涤喷水	 2）检查喷水位置及刮拭情况
 3）检查自动回位	

(续)

4. 拆装刮水片	
 1）铺垫抹布	 2）按下锁止卡
 3）取出刮水片	 4）放下刮水器臂
 5）铺垫抹布	 6）按下锁止卡
 7）取出刮水片	 8）放下刮水器臂
 9）安装左右刮水片	 10）取出抹布
5. 车辆恢复及 7S 管理	
1）拆除车外翼子板布、前格栅布并叠好归位 2）车内三件套环保处理 3）抹布手套回收处理 4）关闭发动机舱盖，升起车窗玻璃，拔下车辆钥匙，回收车轮挡块并归位 5）工具清洁归位 6）地面、车辆清洁	

项目六 汽车辅助电器系统

【总结及拓展训练】

通过本任务的学习,同学们了解了刮水器系统的作用、组成及分类,掌握了刮水器系统的检查方法以及刮水片的更换方法。本任务与汽车专业领域职业技能等级证书标准中的 1-3【汽车电子电气与空调舒适系统技术 - 模块】—汽车舒适系统检查保养职业技能要求相对应。同学们要勤加练习,为以后考取相应等级的职业技能等级证书打下基础。现有一辆汽车的刮水器喷水位置异常,如图 6-18 所示,请同学们根据已学知识并结合该车辆具体情况,完成刮水器喷水头的调整和疏通任务。

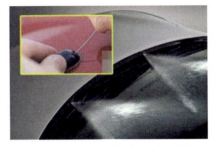
图 6-18 刮水器喷水头调整

任务四 电动后视镜系统的检查与维护

【任务目标】

1. 了解电动后视镜的作用、组成及工作原理。
2. 熟练掌握电动后视镜的调节及电动后视镜开关的拆装方法。

【任务描述】

本任务以别克威朗 2017 款汽车为例,同学们将学会别克威朗电动后视镜的检查方法以及别克威朗电动后视镜开关的拆装方法。

【知识储备】

一、电动后视镜

1. 作用

汽车上的后视镜位置直接关系到驾驶人能否观察到车后的情况,与行车的安全性有着密切联系。采用电动后视镜,可通过开关进行调整,操作方便。

2. 组成

电动后视镜的背后装有两套电动机和驱动器,可操纵反射镜上下及左右转动。如图 6-19a 所示,通常上下方向的转动用一个电动机控制,左右方向的转动用另一个电动机控制。电动后视镜开关如图 6-19b 所示。

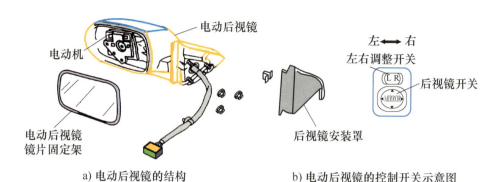

a) 电动后视镜的结构　　　　b) 电动后视镜的控制开关示意图

图 6-19　电动后视镜结构及控制开关图

3. 工作原理

通过改变电动机的电流方向，即可完成后视镜的上下及左右调整。有的电动后视镜还带有伸缩功能，由伸缩开关控制伸缩电动机工作，使整个后视镜回转伸出或缩回。

二、别克威朗电动后视镜电路

别克威朗汽车后视镜内部有两个电动机，一个电动机利用正反转控制上下调节，另一个电动机利用正反转控制左右调节。电动机的正反转主要是改变电动机电流方向来实现的，如图 6-20 所示。

驾驶人侧电动后视镜调节，左右调节开关调节至驾驶人侧，当调节按下"上"开关按键时，电流由电源线 12 流经"上"开关左侧小开关→6 号线到驾驶人侧车外后视镜的 12 号线经过电动机→9→8→驾驶人侧开关→"上"开关右侧小开关→G201→负极。

三、电动后视镜其他功能

1. 后视镜折叠功能

在高端车型中由于车辆设计宽，在停车锁车后会自动折叠后视镜，如图 6-21 所示。车辆后视镜折叠手动操作开关如图 6-22 所示。

2. 后视镜加热功能

在下雨、下雪天气里后视镜会附着很多雨水或结冰，严重影响着行车安全，很多汽车增加了后视镜加热功能，其结构就是在后视镜镜片中增加了加热丝，工作原理就是加热蒸发镜片上的水分。结构及开关如图 6-23 所示。

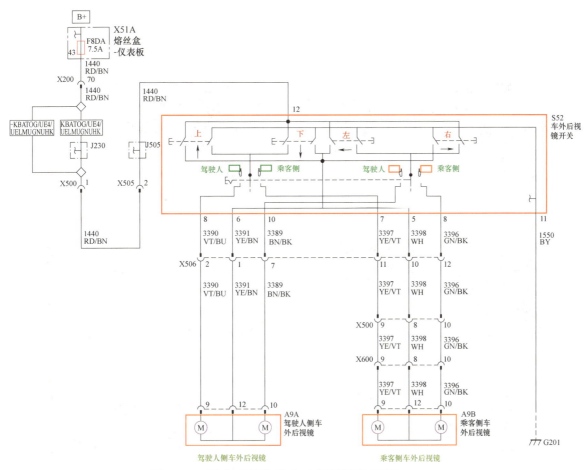

图 6-20　别克威朗汽车电动后视镜电路图

图 6-21　后视镜折叠

图 6-22　后视镜折叠开关

图 6-23　后视镜加热

【任务实施】

一、工具设备准备

别克威朗实训车辆、世达 120 件套装工具、车内三件套和车外三件套等。

扫一扫

电动后视镜系统的检查与维护

二、任务操作过程

1. 前期准备	

1）安装车轮挡块	2）安装排烟套
2. 调节电动后视镜	

1）调节左侧后视镜	2）调节右侧后视镜
3. 拆装电动后视镜开关	

1）拆卸固定螺栓	2）翘起开关座

3）拿出开关总成	4）拆卸开关插接器

5）拆除电动后视镜开关	6）取出开关

7）安装开关	8）安装开关插接器

（续）

 9）安装开关总成	 10）安装总成螺栓
 11）调试开关	

4. 车辆恢复及 7S 管理

1) 拆除车外翼子板布、前格栅布并叠好归位
2) 车内三件套环保处理
3) 抹布手套回收处理
4) 关闭发动机舱盖，升起车窗玻璃，拔下车辆钥匙，回收车轮挡块并归位
5) 工具清洁归位
6) 地面、车辆清洁

【总结及拓展训练】

通过本任务的学习，同学们了解了电动后视镜的作用、组成及工作原理，熟练掌握了电动后视镜的调节及电动后视镜开关的拆装方法。本任务与汽车专业领域职业技能等级证书标准中的 1-3【汽车电子电气与空调舒适系统技术 - 模块】—汽车舒适系统检查保养职业技能要求相对应。同学们要勤加练习，为以后考取相应等级的职业技能等级证书打下基础。汽车的电动后视镜作为车辆行驶安全中重要的辅助系统，当电动后视镜损坏后需要更换电动后视镜总成，请同学们根据已学知识并结合该车辆具体情况，完成电动后视镜总成的更换，如图 6-24 所示。

图 6-24 损坏的电动后视镜

任务五　中控门锁系统的检查与维护

【任务目标】

1. 了解中控门锁系统的作用及结构。
2. 熟练掌握中控门锁及开关功能的检查方法。

【任务描述】

本任务以别克威朗 2017 款汽车为例，同学们将学会中控门锁及开关功能的检查。

【知识储备】

一、中控门锁的作用

汽车中控门锁是为了使汽车的使用方便和安全，对其他车门的锁闭和开启实行集中控制。

二、中控门锁的分类

（1）按键式电子锁　采用键盘或组合按钮输入开锁密码，操作方便。内部控制电路常采用电子密码专用集成电路。此类产品包括按键式电子锁和按键式汽车点火锁。

（2）拨盘式电子锁　采用机械拨盘开关输入开锁密码。很多按键式电子锁可以改造成拨盘式电子锁。

（3）电子钥匙式电子锁　采用电子钥匙作为开锁密码，它由元器件搭成的单元电路组成，做成小型手持单元形式，通过光、声、电或磁等多种形式与主控电路联系。此类产品包括各种遥控汽车门锁、转向锁和点火锁以及电子密码点火钥匙。

（4）生物特征式电子锁　将声音、指纹等人体生物特征作为密码输入，由计算机进行模式识别控制开锁，智能化较高。

三、中控门锁的结构

1. 汽车中控门锁的结构

汽车中控门锁由控制部分和执行机构两部分组成。控制部分包括编码器、输入器、存储器、鉴别器、驱动级、抗干扰电路、显示装置、保险装置和电源等。

2. 门锁控制器

门锁控制器为门锁执行机构提供开锁和闭锁脉冲电流，有晶体管式门锁控制器、电容式门锁控制器和车速感应式门锁控制器。

（1）晶体管式门锁控制器　晶体管式门锁控制器内部设有闭锁和开锁两个继电器，由晶体管开关电路控制，利用电容器的充、放电过程，控制一定的脉冲电流持续时间，使门锁执行机构完成闭锁和开锁动作，如图 6-25 所示。

（2）电容式门锁控制器　该系统利用充足电的电容器，在工作时继电器（开锁或闭锁继电器）串联接入电容器的放电回路，使其触点短时间闭合。当（正向或反向）转动车门钥匙时，相应的电路开关（闭锁或开锁）接通，电容器放电电流通过继电器线圈（开锁或闭锁继电器）搭铁，线圈产生电磁吸力，触点闭合，接通执行机构电磁线圈的电路，完成闭锁或开锁的动作。当电容器放电完毕后，继电器触点打开，中控门锁系统停止工作。此时另一只电容器被充电，为下一次操作做好准备，如图 6-26 所示。

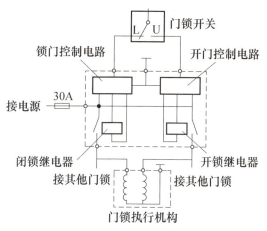
图 6-25　晶体管式中控门锁系统

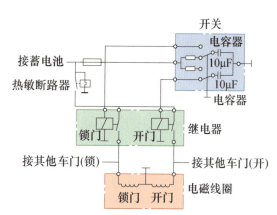
图 6-26　电容控制的中控门锁系统电路

（3）车速感应式门锁控制器　在中控门锁系统中加装一个车速（10km/h）感应开关，当汽车行驶速度达 10km/h 以上时，若车门未闭锁，不需要驾驶人操纵，门锁控制器将自动关闭。每个门可单独进行锁门。车速感应式中控门锁系统电路如图 6-27 所示。

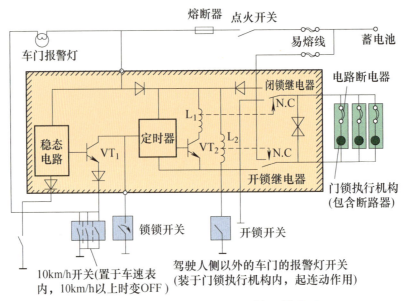

图 6-27　车速感应式中控门锁系统电路

3. 执行机构

（1）电磁铁式中控门锁　这种汽车中控门锁的开启和锁闭均由电磁铁驱动，如图 6-28 所示。它内设两个线圈，分别用来开启、锁闭门锁。门锁集中操作按钮，平时处于中间位置，用手按压即可开启或锁闭车门。

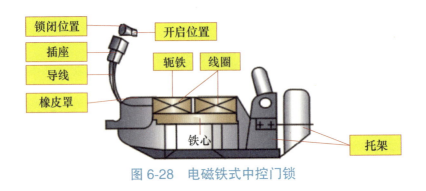

图 6-28　电磁铁式中控门锁

（2）电动机式中控门锁　该锁由可逆式电动机、传动装置及锁体总成构成。其工作原理是由电动机带动齿轮齿条副或螺杆螺母副进而驱动锁体总成，驱动车门的锁闭或开启。其传动装置如图 6-29 所示。

4. 汽车遥控门锁系统的组成

遥控门锁系统的作用是不使用钥匙，利用遥控器在一定距离内完成车门的打开及锁止。遥控门锁系统不但能控制驾驶人侧车门，还可控制其他车门和行李舱门。遥控门锁系统由发射器、接收器、门锁遥控控制单元（ECU）、门锁控制组件以及执行器等组成。遥控门锁系统零部件位置，如图 6-30 所示。

发射器也称遥控器，其作用是利用发射开关发射规定代码的无线遥控信号，控制驾驶人侧车门、其他车门、行李舱门等的开启和锁闭，且具有寻车功能。发射器分为组合型（发射器与点火钥匙合二为一）和分开型两种，如图 6-31 所示。

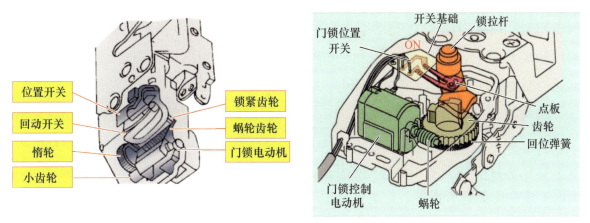

图 6-29　电动机式中控门锁传动装置

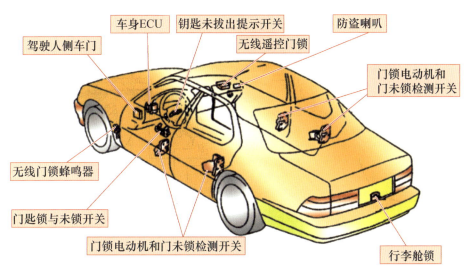

图 6-30　遥控门锁系统零部件位置图

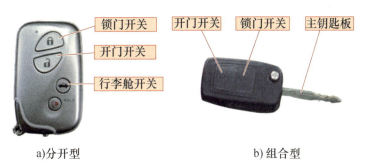

a) 分开型　　　　　　b) 组合型

图 6-31　发射器

四、中控门锁的工作原理

（一）工作原理

1. 门锁原理

中控门锁电路如图 6-32 所示，当门锁开关置于锁止（LOCK）位置时，门锁控制继电器线圈通电，触点闭合，门锁电磁铁中门锁线圈通电，电磁铁心杆缩回，操纵门锁锁止车门，当门锁开关置于开启（UNLOCK）位置时，开启继电器线圈通电，触点闭合，门锁电磁铁中开启线圈通电，电磁铁心杆伸出，操纵门锁开启，在带自动门锁的汽车上，设有速度传感器和电子控制电路。当汽车车速达到设定数值时，电子控制电路使门锁继电器线圈通电，而自动锁止车门。

门锁电磁铁的检查，将电压为12V的蓄电池接入门锁电磁铁的电路，当在"LOCK"与搭铁接线柱之间加上额定电压时，电磁铁心杆应缩回，当在"UNLOCK"与搭铁接线柱之间加额定电压时，电磁铁心杆应伸出。如果铁心杆不能相应伸出或缩回，表明电磁铁有损坏，应进行修理或更换。

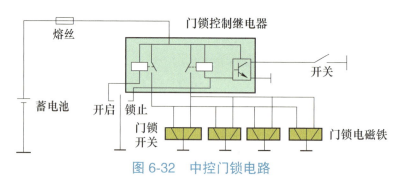

图 6-32 中控门锁电路

2. 门锁操纵原理

在车门开启和闭锁的操纵机构中，通常采用动力车门锁定装置。门锁执行机构如图 6-33 所示。

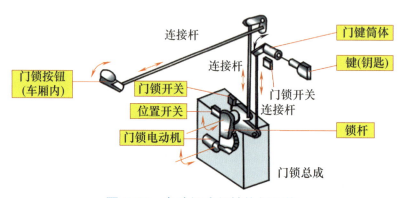

图 6-33 电动机式门锁执行机构

在门锁总成中，由锁止杆控制转动，决定门锁开/闭状态。"位置开关"用于测定锁止杆是否进行门锁开/闭；"门锁开关"用于检测锁止机构是否进行门锁的开/闭。此外，连接杆随着门锁电动机的通电，做正向/逆向旋转；或把钥匙插入锁孔中，用于操作，也可按车厢内的按钮进行多种操作。

（二）遥控车门系统的工作原理

从发射器发出的红外线信号或电磁波信号，被接收并输送到门锁遥控控制组件中。门锁遥控组件对接收器接收到的信号进行比较、判别，若为正确代码，通过其内部的输出电路将开门或锁门信号输入到自动车门锁控制组件中，通过门锁电动机或电磁铁来完成车门的打开或锁止动作。若连续输入经过门锁遥控控制组件判别为不正确代码，门锁遥控控制组件会通过其内的限时锁定电路在一定时间内停止输入。

【任务实施】

一、工具设备准备

别克威朗实训车辆、抹布、车内三件套和车外三件套等。

二、任务操作过程

1. 前期准备	
 1）安装车轮挡块	 2）安装车内三件套
2. 检查中控门锁	
 1）按下锁止按键	 2）检查车门门锁
 3）按下解锁按键	 4）检查车门门锁

扫一扫

中控门锁系统的检查与维护

（续）

3. 检查电动座椅开关功能	
 1）拆卸车门螺栓	 2）拆卸车门卡扣
 3）拆卸门锁开关拉线	 4）拆卸玻璃升降插接器
 5）拆卸车门总插接器	 6）拆卸中控门锁插接器
 7）拆卸中控门锁开关	 8）拿出中控门锁开关
 9）安装中控门锁开关	 10）安装中控门锁插接器
 11）连接总插接器	 12）连接玻璃升降器插接器

（续）

(续)

13）安装开关拉线	14）安装门板

15）安装车门螺栓	16）检查中控门锁情况

4. 车辆恢复及 7S 管理

1）拆除车外翼子板布、前格栅布并叠好归位
2）车内三件套环保处理
3）抹布手套回收处理
4）关闭发动机舱盖，升起车窗玻璃，拔下车辆钥匙，收车轮挡块并归位
5）工具清洁归位
6）地面、车辆清洁

【总结及拓展训练】

通过本任务的学习，同学们了解了中控门锁系统的作用、结构及工作原理，熟练掌握了中控门锁的检查方法及中控门锁开关的拆装方法。本任务与汽车专业领域职业技能等级证书标准中的 1-3【汽车电子电气与空调舒适系统技术 - 模块】—汽车舒适系统检查保养职业技能要求相对应，同学们要勤加练习，为以后考取相应等级的职业技能等级证书打下基础。

练 一 练

一、填空题

1. 电动座椅的类型根据电动机数量分为_____、_____、_____和_____。
2. 汽车玻璃升降器按操纵方式分_____、_____和_____。
3. 中控门锁系统具有_____和_____以及_____功能。
4. 中控门锁分为_____、_____、_____、_____。

二、简答题

1. 简述电动座椅的检查方法。

2. 简述汽车玻璃升降器的检查流程。

3. 简述刮水器低速高速档位的工作原理。

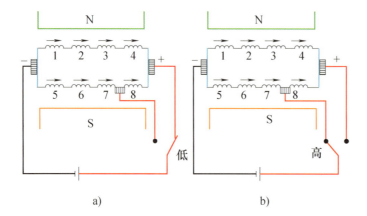

a)　　　　　　　　b)

4. 简述刮水片更换的流程。

5. 简述中控门锁开关的拆装流程。

参 考 文 献

[1] 刘振革，高瑞霞.汽车电气设备构造与维修［M］.北京：机械工业出版社，2017.
[2] 谭婷，何伟等.汽车电气设备构造与维修［M］.上海：同济大学出版社，2019.